艺术体育
高校学术研究论著丛刊

互联网视域下体育教学体系建设

邱君芳 著

中国书籍出版社

图书在版编目(CIP)数据

互联网视域下体育教学体系建设 / 邱君芳著. -- 北京 : 中国书籍出版社, 2020.12
ISBN 978-7-5068-8210-1

Ⅰ. ①互… Ⅱ. ①邱… Ⅲ. ①体育教学 – 教学研究 Ⅳ. ① G807.01

中国版本图书馆 CIP 数据核字（2020）第 248185 号

互联网视域下体育教学体系建设

邱君芳　著

丛书策划	谭　鹏　武　斌
责任编辑	李朝昱　成晓春
责任印制	孙马飞　马　芝
封面设计	东方美迪
出版发行	中国书籍出版社
地　　址	北京市丰台区三路居路 97 号（邮编：100073）
电　　话	（010）52257143（总编室）　（010）52257140（发行部）
电子邮箱	eo@chinabp.com.cn
经　　销	全国新华书店
印　　厂	三河市德贤弘印务有限公司
开　　本	710 毫米 ×1000 毫米 1/16
字　　数	201 千字
印　　张	15.5
版　　次	2021 年 10 月第 1 版
印　　次	2021 年 10 月第 1 次印刷
书　　号	ISBN 978-7-5068-8210-1
定　　价	75.00 元

版权所有　翻印必究

目 录

第一章 体育教学的基本理论体系 …………………………… 1
- 第一节 体育教学的概念与性质 …………………………… 1
- 第二节 体育教学的特点与功能 …………………………… 5
- 第三节 体育教学的规律与原则 …………………………… 14

第二章 "互联网+"的时代背景及体育教学发展形势 …… 26
- 第一节 "互联网+"的发展背景 ………………………… 26
- 第二节 "互联网+"的内涵与特征 ……………………… 37
- 第三节 "互联网+"背景下体育教学发展的形势 …… 40

第三章 互联网视域下体育教学创新思维的转变 ………… 46
- 第一节 体育教学思维的转变与发展 …………………… 46
- 第二节 互联网视域下体育教学思维的创新 …………… 55
- 第三节 创新思维下的几种体育教学理念 ……………… 60

第四章 互联网视域下体育教学内容资源的挖掘与开发 … 78
- 第一节 体育教学内容概述 ………………………………… 78
- 第二节 体育教学内容的编排与选择 …………………… 90
- 第三节 体育教学内容资源的开发与利用 ……………… 98
- 第四节 互联网视域下体育教学内容的改革与发展 … 101

第五章 互联网视域下体育教学手段与方法的设计 ……… 108
- 第一节 体育教学手段与方法概述 ……………………… 108
- 第二节 常见的体育教学手段与方法 …………………… 123
- 第三节 互联网视域下体育教学手段与方法的应用 … 137

第六章 互联网视域下体育教学模式的设计…………… 141
第一节 体育教学模式概述…………………………… 141
第二节 当前常见的体育教学模式…………………… 149
第三节 互联网视域下体育教学模式的设计与应用… 165

第七章 互联网视域下体育教学评价的完善…………… 177
第一节 体育教学评价概述…………………………… 177
第二节 体育教师教学与学生学习评价……………… 188
第三节 当前常见的体育教学评价手段……………… 197
第四节 互联网视域下体育教学评价的应用………… 200

第八章 互联网视域下体育教学创新与应用的实证分析… 206
第一节 互联网视域下的体育信息化教学…………… 206
第二节 互联网视域下的体育微格教学……………… 218
第三节 互联网视域下的体育微课教学……………… 232

参考文献………………………………………………… 237

第一章　体育教学的基本理论体系

体育教学是提高学生体育技能的根本方式,同时也是培养学生优秀身体素质和心理素质以及其他能力的过程。要想提供优质的体育教学,首先就要对其基本理论进行了解,为日后的教学实践做好准备。

第一节　体育教学的概念与性质

一、体育教学概念的界定

(一)教学的概念

对于教学概念的理解,可从宏观和微观两个角度来看。

从宏观角度上来说,教学活动属于特殊的教育活动,它是由教学者主导的,以一种或多种文化为内容,对受教者进行教育信息传递行为,以使受教者接受这一文化的活动。概念中的教学者可以是专门从事教育工作的人士,也可以是掌握某种知识的人,而传授的内容既可以是知识,也可以是某种技能。

从微观角度上来说,教学活动就是学校的教学,是由教师作为课堂主导,传授给学生特定文化,最终实现教学统一的活动。教师在教学活动中的地位非常重要,但在现代教育理念下,学生作为另一个教学主体,也应更多参与教学,成为名副其实的主体之一,以期实现教融于学、学中有教的教学形态。

综上所述,可基本将教学定义为:一种在教育目的规范下的,由教师和学生共同完成的包含教与学的文化信息或技能的传递活动。

(二)体育教学的概念

体育教学是教学的一种,顾名思义其所教授的内容主要为体育运动的相关知识与技能。因此,可以将体育教学视为体育内容与教学行为的结合。体育运动内容有着自身鲜明的特点,这些特点也会在教学中得到体现。现如今,在时代的发展和学生对体育技能学习的更多需求驱使下,要求学校体育教学要更加多元,甚至许多在学校中开展的体育形式已经超出了学校体育教学的范畴,如竞技体育训练、社会体育支持等活动。不论其演变的类别有多么多样,其服务学生体育学习需求的本质是始终不变的。

因此,可基本将体育教学定义为:一种由教师和学生共同完成的,以传授体育运动知识和技能为方式,促进学生身心健康和社会环境适应力提升的个性发展教育过程。

(三)体育教学要素的构成

需要首先明确的一点是,体育教学并非是随意进行的教学活动,尽管它往往以较为轻松的方式示人,也不能认为体育教学就是单纯的做游戏和搞体育活动。事实上,体育教学本身具备一切教学活动的要素,这些要素主要有以下八个。

1.学生。学生在体育教学中是接受教育的一方,是教学活动的主体之一,没有学生的教学是难以想象的,是无法构成教学活动的。可以说,学生是体育教学诸多要素中最活跃的一个。

2.教师。教师在体育教学活动中是主导者,其主导的方式主要是指导教学活动的开展,并且将自己所掌握的知识与技能传授给学生。教师作为体育教学的另一个主体也是不可或缺的,缺少教师的教学也是不存在的。在体育教学中,体育教师所承担的角色是多元化的,他们不仅是知识与技能的传递者,还是课程的设计者与实施者。

3. 教学环境。教学环境是支持体育教学活动得以进行的必要条件。体育教学与其他学科教学不同,它总是需要有一定的物质基础予以保障,如良好的场地和设施等。若教学环境不佳,不仅会对教学质量构成影响,甚至还会增加学生运动性伤病的出现概率。

4. 教学目标。体育教师开展教学活动的依据就是教学目标。没有教学目标的教学活动没有意义,不能引导教学活动。在实际的体育教学中,其目标并不是单一的,而是多层次的,如此才能给予体育教学正确的定向,以及为教学评价提供依据。

5. 教学内容。体育教学中由教师传递给学生的知识与技能,多数是依据教材而来的,而教材就是教学内容的具体体现。体育教学的内容众多,最终选出的内容基本是那些符合社会的要求、学科体系和学生需求的内容。如果没有教学内容的存在,体育教学活动就无法进行知识与技能的传递。

6. 教学过程。在体育教学中,教学的过程可谓是最为核心的要素,其对教学活动给予时间和程序上的支撑,如果没有这种支撑存在,那么也不存在对教学的组织和管理等行为。

7. 教学方法。教学方法,是教师根据教学目标、教师擅长的技能、学生学习能力、教学内容等因素选择的教学技术。教学方法种类较多,只有选择合适的教学方法,才能更有益于学生顺畅地接收教学内容信息。

8. 教学评价。教学评价是依据教学目标制定的,并且其也与教师的教学有着一定关系,具体是由教师根据教学目标制定出来的,这些评价指标由教师细化和量化。现代体育教学的评价不仅是对学生学习情况的评价,也包括对教师教学情况的评价。

二、体育教学的性质

目前,大多数的观点认为体育教学性质有两种,两种性质的理论更多是融合了体育教学过程的理念而产生的。具体来讲,一种认为体育教学的性质是具有多质的过程;另一种则认为体育教学的性质是认知与身体发展的过程。

(一)体育教学的性质是具有多质的过程

我国学者刘清黎在其主编的《体育教育学》一书中认为体育教学是一种多质的过程,"从认识论角度看,体育教学过程是一种特殊的认识过程;从结构论的角度看,体育教学过程是在传授体育知识技术,发展体力的基础上最大限度地培养能力,发展学生智能和体能的多层次的动态变化过程;从控制论与信息论角度看,体育教学过程是教与学之间信息传递和反馈的控制过程;从教育心理学的角度看,体育教学过程是以学生认知为基础的全面心理活动过程和以能力为核心的个性心理统一培养、塑造和发展过程;从运动生理与生物化学的角度看,体育教学过程又是遵循人体机能活动变化的规律和人体运动适应的规律,发展学生的体能过程;从社会学角度看,体育教学过程还是对学生进行思想品德教育,完善学生个性的社会性教育过程。"[1]

(二)体育教学的性质是认知与身体发展过程

在《体育理论》编写组所编写的《体育理论》一书中,也有对体育教学性质这一问题做出的界定,即认为,"体育教学过程是一个从不知到知、从不完全知到完全知的认识过程;也是发展身体、掌握和提高运动技术的过程。"[2] 学生在体育教学过程中会以练习一些运动技能作为身体训练的方式,且这种练习也是他们学习、改进,巩固和提高其体育理论知识和运动能力的方式。

---

[1] 刘清黎.体育教育学[M].北京:高等教育出版社,1994.
[2] 体育理论编写组.体育理论[M].北京:人民体育出版社,1987.

第二节　体育教学的特点与功能

一、体育教学的特点

体育教学与其他学科教学有许多相似的特点,首先,它们都属于教师与学生的双边活动,这是所有教学活动的共性。教师与学生在教学活动中产生频繁的各种形式的交流,如语言上的交流和肢体动作的交流等。以往这种交流更多是从教师流向学生的方向,现代教学开始注重这种交流从学生流向教师的方向,不过教学仍旧依靠教师对学生在某种知识和技能方面的传授。其次,以班级为单位开展教学活动也是共性,只不过有些时候这个班级的组成方式会根据不同需求有不同的编排,如可以根据基础不同组成的班,或是根据学生的不同兴趣组成的体育教学班等。最后,体育教学与其他学科教学的目的也是有共性的,都是为了传授某种知识或技能。

参加体育活动对于学生身心发展具有很好的作用,特别是对于正处在身体发育旺盛期的儿童及青少年有更加重要的意义。在结合了体育教学的性质后,可以把体育教学独有的特点归纳为以下几点。

(一)体育知识的传承性

体育是以身体锻炼为主要形式的教育活动。如果从教与学的角度来说,可以将体育知识形容成一种"身体的知识"。这种知识伴随着人类的发展而发展,在不同时期都有它的发展形式,如在原始社会,身体的知识就是人类通过走、跑、跳、投、打等动作捕获猎物或逃避猛兽的追捕等行为。而在现代社会中,体育知识的传承内容变成了某项体育运动或体育技能,如足球、篮球、排球、乒乓球、游泳、田径和武术等专项运动技能。

现代教育越发注重教学过程中学生的主体性和"以人为本"的教育理念。人们对这种理念的追求使得人类自我认知回归,不仅体现了体育教学的特殊性,还给予了体育教学知识传承的特殊意义。

从这个层面来看,这种体育教学所传承下来的体育知识已经超越了简单的模仿行为,而将更多的相关文化也融入其中。这些体育文化才是体育运动、体育教学等获得长久传承的动力和灵魂。

(二)教学过程的直观性

体育教学的讲授方法基本与其他学科的教学一致,直观性特点却体现在很多地方,如体育教师在讲解教学内容时,还会更加强调教学的直观性讲解,特别是配以形象的肢体动作,如此会增加学生对所学内容的直观感受,以及激发他们的学习兴趣。对于某项体育运动的技能教学来说,鉴于技能本身具有一定的难度,因此,若教师能以更加直观的方式传授技能,并配合艺术性教学语言的讲解,对提升学生学习的自信心和对技能的认识程度都是非常有帮助的。

在实际体育教学之中,几乎每项内容都蕴含着直观性特点,这点在实践内容的学习中突出地显现出来。其中示范法是体现体育教学直观性的最佳教学方法,在实践内容教学时使用示范法,教师以直观形象的动作示范展现技术动作,这是技能在学生面前的真实再现,不包含演绎的成分。这是直观性的基本要求和基础。学生在看到直观动作示范后,再将之与思维结合,就更加容易掌握体育技能。在此过程中,自身的观察能力和动作模仿能力也得到了锻炼。

另外,在体育教学的组织与管理中也有直观性的体现。主要表现在:教师在体育教学中做出的组织与管理行为的直观性,如对学生要更加关注和爱护,有更强的责任心、爱心和耐力,做到为人师表,做学生的榜样,这种给学生带来的潜移默化的影响也是体育教育想要达到的目的。如此一来,在这些直观性教学活动的影响下,学生在教学活动中的表现也更加接近真实的自我,这对于教师了解学生的各方面情况,以及获得有参考价值的教学反馈非常有利。

(三)客观条件的制约性

体育教学涉及诸多内容,并且所包含的元素众多,这些都使得体育教学非常容易受一些客观条件的限制。其中最大的制约主要来自外部环境,包括场地条件、设施情况、气候条件、学生接受能力以及运动能力等。这些制约因素都或多或少地影响着体育教学的效果。

学生作为体育教学活动的主体之一,是教学内容的接受者。学生的情况各异,主要表现在对体育教学的兴趣、身心素质水平、学习能力等方面,因此,这些方面的不同也会给教学带来一定的影响,甚至是某种限制性作用。当教师面对这些差异时,就需要据此认真考虑相关教学设计、教学内容和教学组织等方面的制定。

作为承载体育教学活动的载体,体育教学环境的质量如何也关乎到教学效果的好坏。例如,干净整洁的场地及良好的周边环境无疑最适合开展体育教学,反之如果场地受损严重,场地周边存在大量空气污染或噪音污染,则不仅影响教学主体的情绪,还有损于他们的健康。而新引进的运动器材或新铺设的场地地面会给学生和教师带来一种莫名的兴奋,人们都想使用完善和崭新的硬件设施,获得最佳的运动学习体验。

(四)教学内涵的优美性

现如今的体育教学内容可谓是非常多样化的,常见的体育教学内容有田径、体操、游泳、球类运动、武术等。此外,还有包含了丰富艺术元素的项目,如健美操、体育舞蹈和瑜伽等。这些艺术类项目如今越发受到学生的喜爱,特别是受到女生的喜爱,因此也大大弥补了过往体育教学内容更加偏向男生参与需求的缺陷。学生参与艺术性体育项目的学习,有助于从中感受到体育运动中的美。

体育教学内涵的优美性,首先体现在,体育教学过程中师生共同体会到的只有在运动中才能感受到的人体美和运动美。其次通过参加体育运动技能的学习,可促进身体的外在形态和内在机能等的共同提升。运动所带给人的美的感受完全不同于其他美的形式,它的美融于人体的动作之中,是以一种动态方式呈现的美,是一种外在的美。体育教学蕴含在内的美则主要通过运动者的精神来表现,如运动者面对强敌毫不怯懦、勇于对抗的精神,或是在比赛的危急时刻表现出的沉着心态,再或是运动者表现出的优雅、谦虚、诚实的道德风尚,等等。

体育中蕴含有大量美的元素,势必也就需要有能够看懂这种美的人。为此,体育教学就承担了培养懂得欣赏体育美的人的职责。不同运动项目有不同的美的观赏点,这些内容都是人类在长期开展体育运动中积累下来的,体育教师则需要将一些值得传播的内容加以总结和提炼,然后传授给学生,使学生成为能够真切感受、享受体育美的人。

从功能上说,体育美是为了让人陶冶情操而存在的。体育教学作为一种创造性社会活动,其活动成果包括让学生获得内在的顿悟和精神上的启迪。同时,教师与学生总是存在着一条无形的纽带连接着彼此,相辅相成,相互支持,从而构成教与学的系统。为了能让学生更直观地感受到运动之美,就需要教师在教学中以真情投入其中,与学生进行丰富的情感交流。

(五)身体活动的常态性

体育教学的最大特点就是包含了需要学生身体力行参与的学习过程。体育学科的学习分为理论知识和运动技能两大类,其中运动技能的学习占比较多,如此也是为学生掌握所学内容以及为自己拥有一个好的身体素质基础做准备。另外在体育教学中需要付出体力的并非只有学生,教师在其中很多环节也需要付出体力,如做示范、组织教学,甚至直接作为一员参与比赛。可见,体育教学的身体活动常态性也是包括教师在内,涉及所有教学主体。

由此可见,在体育课堂教学过程中,教师与学生的身体锻炼非常频繁,这种几乎常态化的特点成为体育教学非常显著的特点。与之相比,其他学科的教学必须要在教室(实验室、多功能厅)进行,且要保持相对的安静,这样才能激发学生的思维并产生很好的学习效果。

而体育教学却刚好与之相反,其教学的地点多为户外或专用运动场馆,普遍较为宽阔,而且在大多数时间的运动技术练习环节并不需要可以保持安静,学生之间、学生与教师之间都可以随时有相关的交流和沟通,如此才更有利于对运动技术的学习。

(六)身体与心理统一性

很多人认为人的身体和心理是两个不同的事物,彼此间并不存在密切联系。实际上却并不是这样,人的身体与心理之间的关联非常紧密,且总是处于同向增减的状态中,两者互相影响。还有一些学者持这样的观点,认为不同的性格会影响一个人是否热衷体育活动,如他们认为性格开朗、外向的人更热衷体育活动。但实际情况恰恰是因为人热衷参与体育活动,才变得更加开朗和外向。这就是运动对身体"改造"后影响了心理变化的典型案例。

体育教学在于对人身体的改造,与此同时它还强化人的心理素质以及多种适应能力的发展。而其他学科的教学无法达到这样的效果,主要原因在于体育教学营造了不同种类的教学情境,这种情境带来了阳光、生动、积极、外露以及直观的感受。一系列积极的情境使得参与其中的人在潜移默化中受到影响,为学生的心理与社会适应能力的健康发展提供了良好的环境。由此可以说,在体育教学中,人的身心发展看似是多元的,但实际上在过程中是一种一元化的锻炼,即达到身体与心理的共同发展,表现出统一性。身体发展是基础,心理发展依赖于身体的发展而存在,心理的发展同时促进身体的发展。

具体来看在体育教学中人的身体与心理的统一性主要体现在以下两个方面。

1. 体育教学的教材内容要注重身体与心理统一。体育教学内容是体育教学活动的依据,教学内容的好坏将直接影响教学效果。因此,为了表现出体育教学身心统一的特点,首先就要从教材选择环节开始,选择的教学内容要对学生身体各部分、各种运动能力和各种身体素质有积极影响,而且要注重教材对学生心理及其社会适应力的影响,所选教材的编排要符合该年龄段学生的心理特点。其次还要满足美学、社会学等其他方面的要求。

2. 体育教师选择的教学方法要注重身心统一。体育教学与其他学科教学相比增加了更多的内容,因此,体育教学的教学方法也就更加丰富。主要是由体育教师选择体育教学方法,为了使体育教学保有身心统一的特点,体育教学方法的选择就要关注到这方面的内容。通常为了体现这一特点,体育教师选择的教学方法都要遵循与学生年龄段相符的身心变化规律,使学生在经常进行的体育教学活动中学习到正确的体育技术和技能,学生掌握这些技能的成长曲线并不是一路上升的,而是有忽高忽低、忽快忽慢的过程和起伏。另一方面,体育教学方法的选择还应符合学生的心理和年龄特点。与体育技能学习的规律相似的是,学生在接受教学时,其心理活动也呈现出波浪式起伏的曲线现象。这种生理、心理负荷波浪式的曲线变化规律,体现了体育教学鲜明的节奏性和身心的和谐、统一性。因此,要想选择正确的、适合学生身心发展的体育教学方法,体育教师就必须根据学生的这些身心特点安排,如此才能在促进学生身体发展的同时,有效激发学生的积极性和兴趣爱好,更有效地发挥体育教学的功能。而根据不同阶段学生的身心特点选择适当的教学方法也是评判一位体育教师综合水平的依据之一。

综上所述,在诸多客观条件的制约下,为摆脱不利条件的影响,体育教师就要从学年的体育教学计划到具体课时计划,从教材内容选择到教学组织方法实施都必须考虑到这些客观实际与影响因素,尽量将制约因素的影响程度降至最低,提高体育教学质量与效果。

二、体育教学的功能

(一)传授运动技术的功能

体育教学是通过体育教学课程来实现的。在体育课程中,教师与学生完成对某项体育知识与技能的传授,因此,体育教学具有最基本的传授运动技能的功能。体育教学的特殊性决定了学生在接受教学内容时的方式主要为身体练习,这是必要的过程,由此也体现出了体育教学实践性的本质。

体育课程中所传授的运动技术是非常具体的,它可以是以某种单一的技术动作形式出现,也可以是以组合动作的形式出现。以乒乓球运动为例,所教授的内容为正手进攻技术,而具体的教学,需要将这项技术进行细分,分别教授正手攻球技术或正手弧圈球技术。不仅是乒乓球,其他运动技能的传授也是如此。学生在学习体育运动技术时,都是从具体的基础技术开始,然后逐渐积累和进阶,直至学习到高级技术,最终掌握某项运动必备的全部技术。

(二)发展学生身体的功能

在体育课程教学中,学生需要做大量的身体练习,如此就带给身体一定的运动负荷。这些施加给身体的负荷会给学生带来诸多刺激,机体会对这些新的刺激给予回应,其结果就是身体逐渐适应了刺激,如果新的刺激不再增加,则机体机能会保持在现有状态下。

学校体育教学中的教学内容众多,不同运动项目对学生身体机能的促进作用不同,身体不同部位的促进也有不同。例如,田径运动中的短跑项目主要针对学生腿部肌肉有较大的锻炼作用,而长跑项目则对学生的身体机能(主要是心肺系统功能)的锻炼作用较大。在追求负荷给机体机能增长带来好处的同时,也应注意对负荷的控制。如果学生承受了不合理的过大负荷,则会增加运动性伤病的概率。反过来,太小的运动负荷也无法达到刺激机体的目的。因此,为更好地利用体育教学促进学生身体机能发展的功能,就务必需要使教学遵循学生身心发育的规律,且不断改进教学方法的科学性。

(三)发展学生心理的功能

一个人的生理和心理是紧密联系的,也就是说,体育教学施加给学生在生理层面的影响是会同等传递给心理的,对学生的心理、思想、意识等带来促进作用。这点与其他学科教学有着相同的地方,当然也有一些不同点。

具体来看,其相同点在于都有着显著的育人价值,即认可教学是教育的主要方式,而育人则是通过教师作为载体实现的。如此来看,相比所传授的知识与技能,教学更重要的价值在于向学生传播社会道德、规范,这些内容对学生在未来的发展起到更大的作用。而体育教学与其他学科教学的不同点,是有特定的教学场合,以及在教学过程中传授给学生一些人类外显的行为规范和准则,这些均与当今社会的道德规范共融,也正因如此,两者拥有较高的一致性,由此才使体育教学能更好地影响学生的心理。

这里要提到体育教学对学生心理的具体影响,这种影响涵盖了个人心理与团体心理两个方面。对个人心理的影响主要为,体育活动一方面可以作为调节学生心理的方式,另一方面还能使学生在不断胜利与失败中学会正确应对的心理状态,由此培养出学生胜不骄败不馁的心理素质,这就是体育教育赋予学生最重要的体育道德素养。而就团体心理来说,实际上与个人心理的影响有很多相似的地方,其特殊性在于身为团队中的个体,要正确处理个人与团队之间的利益关系,应倾向于将个人荣誉归于团队荣誉之中,适当淡化个人得失。

(四)传承体育文化的功能

现如今的体育教学本身已经形成了一个较为系统的结构,从这一角度上看,将众多体育课程累加并联系起来,就形成了单元教学计划,再将这些单元教学计划累加并联系,就形成了学期教学计划,再将学期教学计划如法炮制,就形成学年教学计划。如此在各个阶段的学校教学中都形成了系统的体育教学。如果从运动技能的培养这一小层面上看,将众多技术不断累加,最终学生就会被培养出了不同运动的技能。

那么,从上述两个视角来看,就能了解到各级学校中的体育教学均可以让学生学到较为完整的运动知识与技能,这就是一种对体育文化的传承。

(五)发展学生社会交往的功能

前文在体育教学对学生心理影响的功能中已经谈到了"团体心理",从本质上而言,体育教学影响团体心理的功能也可称为体育教学影响学生社会交往的功能。

在体育教学中,学生之间的交往具有特殊性、外显性与频繁性,这与其他任何一种教学活动或社会活动都有很大的差别。在体育活动中,学生身体之间的交流非常多,交流的同时也传播着各种体育竞赛的规则。可以说,体育教学也是一个"小社会",这个小社会赋予了学生之间需要遵循的各种规则与准则。若不遵循,必然受到惩罚;若表现突出,则得到表扬称赞。监督这个法则的人就是教师,因此,教师必须公正,才能对学生产生良好的影响,培养学生良好的体育道德规范,进而培养学生面对未来社会的各种道德规范与做人理念的能力。

以上阐述了五个方面的体育教学功能,这些功能是体育教学的本质功能,除此之外还有一些其他的衍生功能,如体育教学的政治功能、经济功能、外交功能等,当然这些衍生功能与体育教学本身相隔较遥远,不在本书的讨论范围之内。

第三节 体育教学的规律与原则

一、体育教学的规律

(一)体育运动认知规律

体育学科有其独特的认知体系,为此,在开展体育教学相关工作时就务必要遵循体育学科学习和运动认知的规律。具体分析体育教学中的运动认知过程,为如下三点。

1. 在进行广泛感性认知的基础上形成感性基础。
2. 在理性概括的前提下形成理性认知。
3. 广泛应用理性认知到运动情境之中。

体育的运动认知体系实际上是一种"身体—动觉智力"。由此,在借助于体育教学的开展下,实现学生对自身或物体的速度,以及对时间、空间、重量、方位、平衡等因素进行识别和控制能力的提升。

当这些在学生身上体现,就表现为其能对运动过程中发生的随机性情况做出正确的身体反应,进而有效或精确控制自身的运动,或是使用某种器材。因此,在体育教学中,教师应更多注重对学生方向感、时间感和空间感等感知能力的培养,学生的运动认知能力也就是在这一点一滴的培养中获得的。

(二)体育运动技能形成规律

开展体育教学让学生掌握运动技能是最为直观的教学目的之一,学生运动技能的养成需要经历一个从无到有、从有到会、从会到精的过程。如果单纯从体育教学的安排上看,几乎很难看到技能形成不同阶段的明显"分界线"。看不到,或不能发现明显界线,并不代表不同阶段就不存在,若是从动作技能形成的长链结构上看,还是能看到其中的阶段性规律。

(三)运动负荷变化与控制规律

体育教学所追求对学生的教育并不仅局限于对他们生理层面的改造,还包括对心理、道德、美感和体育文化等方面的教育。因此,施加于体育教学中的运动负荷就应是被严格考量过的,这就是体育教学运动负荷变化与控制的规律。

学生在其所参与的体育教学过程中接受的运动负荷要符合人体生理机能活动能力变化的规律。最理想的对运动负荷的承受方式为在人体机能活动最为活跃的时刻安排较大的负荷,而在机能下降阶段要适当控制运动负荷,以保证身体能在较安全的状态下参与运动。因此,为了控制好体育教学中的运动负荷,需与身体机能变化的三阶段相互匹配。

1. 热身和上量阶段。从热身开始到课程主体部分前期的逐渐上量的期间,要根据学生的实际情况逐渐增加运动负荷。

2. 调整与控制负荷阶段。视学生身体情况决定运动负荷的安排,这种负荷调整是需要随时进行的。

3. 恢复阶段。在恢复阶段中安排的运动负荷要降低,此阶段主要是为了帮助学生恢复到运动前身体机能水平。

(四)体验运动乐趣规律

对于任何人来说,能从事物中感受到乐趣,始终是其参与或维持某种行为的最大驱动力。学生在体育教学中感受到乐趣,是其能对体育教学产生兴趣的基础。

只有如此,学生才更乐于参与到体育教学之中,并在教学过程中更加投入,这是他们顺利掌握运动技能的重要条件,同时也是他们了解并掌握各项运动技能、提升身心素质的前提条件。为此,体育活动组织者应始终把握好这一规律。

具体来看,学生能从体育教学中感受到的乐趣主要来自以下几方面。

1. 学生运用原有的运动技能参与运动所获得的乐趣体验。

2. 学生经过一段时间的学习和练习后获得技术的进阶,并就此以新的技能水平参与运动所获得的乐趣体验。

3. 学生在较为全面地掌握了运动技能后,根据自身特点对技能进行了创新,并就此以创新技能参与运动所获得的乐趣体验。

二、体育教学的原则

(一)全面发展原则

体育教学应以促进学生的身体锻炼为基础,促进学生身心全面协调发展。在体育教学中,除了加强学生身体健康外,还应将体育教学与心理学、美学和社会学等学科知识结合起来,全面提高学生智力、心理素质、美育(感)和其他能力等多方面的发展,以培养适应社会主义现代化建设需要的人才。

1. 全面发展原则的基本依据

(1)社会主义体育教学目的的需要

我国社会主义的性质,决定了体育教学具有明显的社会主义目的性,就是为了培养身体健壮的全面发展人才服务。因此,在体育教学中,要使学生身心双修。

(2)实现体育教学基本功能的需要

体育具有健身、教养与教育、休闲娱乐、促进个体社会化和美育等多种功能。由此可见,体育教学是集中实现体育多种功能的有效途径。

(3)学生发展的需要

在新的历史发展时期,学生的发展并不仅限于身体素质的发展,在思想、心理、智力、道德品质与行为、审美及表现美的能力等方面都应得到发展。

2. 全面发展原则的基本要求

（1）体育教师在体育教学中应该认真学习和领会体育教学大纲（或课程标准）精神，全面贯彻教学大纲（或课程标准）的目标和要求。

（2）体育教师应树立现代体育教学价值观念。用现代体育教学价值观去评价和衡量现代体育教学质量。现代体育教学除了具有一定的生物学价值，还具有心理学、教育学、社会学及美学的价值。

（3）在体育教学的准备、实施、复习、评价等阶段中，通过制定教学任务、选择教学内容和运用各种教学手段及方法，都应注意增强学生体质并促进其全面发展。

（4）体育教师在制订各种体育教学工作计划和编写教案时，应注重在课堂中给予学生足够的身体练习时间，并且在教学中重视学生的心理发展。

（二）合理安排运动负荷原则

1. 合理安排运动负荷的依据

（1）学生个体发育上的差异

每名学生的发育情况不同，因此在体育教学中的运动负荷安排就不能全员统一。特别是当学生在中小学阶段时，其身心正处于快速成长期，身体各方面的机能还没有完善，因此，让他们承受过大的、不合理的运动负荷以快速提高他们的运动技能是非常不可取的方式，这甚至会给学生的身心带来伤害。

因此，对体育教学运动负荷的安排来说，应做到既能满足他们对体育学习和锻炼身体的需求，又不会出现体能透支的情况。而为了做到这点，就需要体育教师根据不同学生的身体发育特点来安排有针对性的运动负荷。

（2）人体发展的基本规律

体育教学本身存在一定的运动负荷，这是学生运动技能养成所必须接受的负荷。为了能够科学安排运动负荷，体育教学组织者和教师应严格遵循人体发展的基本规律。这一规律指出了不论学习哪项运动技能，其所应承担的运动负荷不是越大越好，而是需要在一个合理的范围内。在科学的负荷范围内，要合理安排运动负荷，否则就会对学生的身体造成损伤。

2. 合理安排运动负荷的基本要求

（1）运动负荷的安排要服从体育教学目标

促进学生身体和心理等多方面能力的发展始终是体育教学的目标。由此也就说明了体育教学的目标是多元化的，而不是单一为了提升学生的身体素质，更不是探索人体体能的极限。

（2）运动负荷的安排要符合学生身体需求

体育教学的目标之一就是促进学生的身体发展，因此，在确定运动负荷大小时就要考虑到学生的身体发展状况，而做好这方面工作的前提就是身处一线的体育教师要对学生的身体发展情况有较为透彻的了解。只有如此，才能制定一个既能保障学生身体无伤害，又能有利于他们身体发展的运动负荷。

（3）运动负荷的安排要充分考虑学生之间共性与个性关系

相同年龄段的学生在身心发育上有着一定的共性，但同时每名学生之间也存在着较大的个体差异。这些学生的共性与个性问题，左右着运动负荷的安排。对于教师来说，学生的共性，使得在确定负荷时要考虑到整体学生的特点，至于学生的个体差异，则应适当对负荷进行调整，以满足部分学生的体育学习需求。

（4）运动负荷安排应服务于培养学生自我控制负荷的能力提升

在体育教育中，尽管学生是教学的主体之一，他们主要以接受由教师传授的知识与技能为主要学习方式，即便如此，也不能忽视对学生教学理论方面的教育，这对他们从更深的层面了解体育和体育教学有着不容忽视的作用。

具体到运动负荷的安排上,虽然本是一项由教师主导完成的工作,但也有必要教授给学生运动负荷安排的理论和方法,使他们自身对这一问题有更多认知,进而具备对运动负荷的自我判断与调控能力。

(5)在体育教学中合理安排休息

一堂体育教学课程中的运动负荷不应是单一呈线性上升或下降的,而是应该张弛有度,中间穿插有适度的休息。这些休息时间一方面是供学生的体能短暂恢复的,另一方面还是给学生的学习带来思考的时间。总而言之,科学合理地在体育教学中安排休息,有助于获得理想的体育教学效果。

(三)循序渐进原则

1. 循序渐进原则的基本依据

循序渐进原则几乎是所有学科教学活动的原则,当然也包括体育教学在内,并且在体育教学中的遵循会更加严格。遵循循序渐进的原则,简单来说,就是要按照由简到繁、由易到难等导向进行教学。正是基于这一原则,使得学生掌握运动技能以及对技能之间的逻辑关系有更清晰的了解。

2. 循序渐进原则的基本要求

(1)制定好教学文件,安排好教学内容

确保教学工作的开展要在教学内容安排适当的基础上进行。因此,在前期制订教学计划就显得非常关键,需要做到将其中的每个运动项目、课程、学期教学内容和教学方法进行彼此关联和顺畅衔接。其中,特别要注重对教学内容的安排,这是使教学实施遵循循序渐进原则的关键要素。所以,在制订教学计划时不仅要考虑到单一项目中各项内容之间的渐进性逻辑,甚至还需考虑到本项目与其他项目之间的渐进性关联。

（2）不断提高学生生理负荷

从运动学角度上看学生运动技能的提升规律，可知机体从运动负荷中获得刺激需要一个适应的时间，并且需要一个合理的休息时间以让身体机能得到恢复，然后再施加运动负荷。如此反复构成波浪式、有节奏地运动技能提升形态。这也是对超量恢复现象予以充分利用的方式。

（3）配备综合能力更强的体育教师

在体育教学多元化目标的要求下，也对体育教师的综合能力提出了更高要求。它需要体育教师坚持自我学习，不断提高自身文化素养，深入了解学生身心发展规律与特点，以及所教内容体系内的相互逻辑联系。

（四）专项教学原则

1. 专项教学原则的基本依据

体育教学内容丰富，种类多样，不同内容的体育教学对学生的要求是不同的。因此，教师应结合体育教学项目的特点和规律开展体育教学，在促进学生基本身体素质提高的基础上，发展运动专项能力，提高运动水平。

2. 专项教学原则的基本要求

体育教学专项教学原则要求体育教师应重视学生专门性知觉的优先发展。体育运动通常是在具体的运动环境中进行的，以篮球为例，篮球运动围绕篮球、篮球场地以及场地上的器材进行。运动过程中，学生对环境和器材的感知是专门性知觉发展的过程，其中手指、手腕对球的控制能力对篮球教学至关重要，因此，教师应重视学生对球控制能力的优先发展。

（五）巩固提高原则

1. 巩固提高原则的基本依据

遗忘规律曲线和运动条件反射两大原理的存在，决定了人们在学习新知识或技能的过程中需要反复练习，以此长久建立对知识或技能的反射机制。

如果在一段时间内没有练习，所学知识就开始被遗忘，技能也会变得生疏。此外，在体育运动领域中也有"用进废退""学习如逆水行舟，不进则退""温故而知新"等说法，这些关于学习的语句充分强调了学习中巩固提高的重要性，实际上这也是基于上述规律所得出的结论。在体育教学中，当学生对所学技能反复练习，就可以助其身体素质和全面机能的增长，由此可见在体育教学中，遵循巩固提高原则的意义有多大。

2. 巩固提高原则的基本要求

（1）为了遵循巩固提高原则，教师在制订教学训练计划时就应有相应的安排，使学生能获得足够的强化练习时间及适当的练习密度，以此实现对运动条件反射的巩固。当然，在教学训练计划中也要适当安排一定的休息时间。

（2）在安排练习内容时，应相对增加技战术动作的练习密度和重复次数，以巩固运动条件反射，这是最基础的巩固方式。

（3）体育教师对教学方法和教学手段的正确选择，也是巩固提高原则的方式。常用的具体方法主要有改变教学方式或改变练习条件，如在乒乓球运动教学中将球网加高或降低来练习，以巩固学生的进攻技术能力或防守技术能力。

（4）给学生布置课后练习作业。体育教学课堂上的练习时间总是有限的，仅仅在这点时间内练习是无法实现运动技能的巩固。因此，教师在每堂课上要给学生留课后的练习作业，督促学生利用好课余时间练习。

（5）适时给学生确立新的学习目标，新目标能够促进学生对原有技能的巩固并且激发他们对运动项目的兴趣。

（六）因材施教原则

1. 因材施教原则的基本依据

学生是体育教学中的主体之一。参与学习活动的学生众多，在相同的年龄层次下，他们通常会表现出许多相同特性，同时个体之间也表现出一些个体性。

学生群体的共性主要体现在相同年龄阶段的身心发育特点上，而他们个体性的体现则是受性别、遗传、家庭环境、过往经历等因素影响，相互之间存在或多或少的个体差异。当这些差异附着在体育教学本身上时，就会从他们的学习成果上显现出来。例如，一些学生的家长就非常热爱体育运动，业余时间经常带孩子参加一些体育活动，这位学生从小就对体育运动耳濡目染，甚至具备良好的初始运动能力，那么这位学生在日后的体育教学中大概率会有突出表现。如此看来，在体育教学中遵循因材施教原则的基础就是重视学生个体的差异，以及争取对学生不同阶段中所表现出的差异进行统一。

2. 因材施教原则的基本要求

（1）引导学生正确对待个体差异

学生之间存在差异是非常正常的现象，这并不可怕，也不会给教学带来什么麻烦。如果能正确看待差异，对学生适当开展差异化的教学，还会让教学事半功倍。首先，体育教师要正视学生的个体差异问题，同时引导学生也正视这个问题。其次，在教学中，教师也不应将更多关爱偏向那些天赋好的学生，要对那些天赋较差的学生给予积极性心理引导，激励他们在体育学习过程中的信心和增强他们的意志。

第一章　体育教学的基本理论体系

（2）深入研究学生的个体差异

深入研究学生的个体差异主要从学生和教师两个方面入手。学生的深研主要是对学生自我个体差异的了解，这可以说是秉承因材施教原则的前提。要想实现这一目标，需要教师在日常给学生讲解足够的个体差异理论以及了解自身特点的方法。教师的深研则是承认学生间的个体差异，并且承认这种差异是处于变化的，教师应用发展的眼光看待学生，不断尝试挖掘学生身上的运动天赋。

（3）丰富教学实践，选择适当的教学方法

在体育教学中，有些项目是不能根据"等质分组"的原理来处理区别针对性教学的问题。因此，教师面对这种情况就要运用其他方法来对待个体差异性。如安排"绕竿跑""定点投篮"等教学方法，这些项目的设立是为了能够让那些在某些项目中没有任何特长的学生，依旧对体育产生兴趣，而不是因为参与某项运动的成绩太差进而觉得自己成了体育课堂的"局外人"。体育教师应让每一个学生都能参与到体育教学活动中来，体验运动的快乐。

（4）重视学生个体差异性与统一要求的统一

在体育教学中，提高全体学生的综合素质是每个教师的目标，因此在制定教学目标时，都会考虑到目标的可行性，要满足大部分学生的要求。学生的个体差异是客观存在的，教师应在教学中充分重视这点，但是体育教师也要立足于整个班级的教学，对学生统一要求，以促进学生完成教学任务，达成体育教学目标。

（七）终身体育原则

1. 终身体育原则的基本依据

通过体育教学长久地影响学生一生对运动健身重要性的理解，并身体力行的参与其中是体育教学的最终目的，这也是新《体育（与健康）课程标准》对当前体育教学的基本要求。因此，培养学生终身体育思想,促进学生终身体育习惯的养成,是体育教学应遵循的基本原则之一。

2. 终身体育原则的基本要求

(1)培养学生的终身体育意识

教学中,教师要善于发现学生的体育爱好与技术特长,加以引导培养,以此来激发学生对体育学习的兴趣,使其建立终身体育意识,养成体育锻炼的习惯。

(2)在体育教学中充分考虑教学的长、短期效益

体育教师不仅要重视体育教材或某项运动技能的教学成果,还要考虑体育教学的长期效益,这与体育教育总体目标的要求是一致的。

(八)安全教学原则

1. 安全教学原则的基本依据

体育教学中包含有体育理论知识的教学和实践运动技能的教学。这其中,除了有少量的理论知识课程需要在运动场进行外,其余实践技能教学部分都要在体育场馆开展。

由此一来,体育教学的环境相比其他学科的教学环境是多变的,且是开放的,由此也给体育教学带来了更多的风险,且这种风险是无法完全避免的。因此,不断强调体育教学的安全性就显得非常重要,这也使得体育教学的开展需要遵循安全教学的原则。

2. 安全教学原则的基本要求

(1)建立健全的安全制度,确保场地设施的使用状态

为了降低体育教学的风险,建立健全的安全制度是必不可少的。这些安全制度应包含教学中对教师和学生这两个主体的要求,还应包含体育教学所使用的场地、器材、设备等安全管理。以体育器材的安全管理为例,应对其进行定期检查和维护,确保其

能够正常使用。例如,对体操器材中的单杠、双杠应进行经常性检查,以确保其整体稳固,部件铆合紧实。若对这类器材检查不到位而出现学生在使用中倒塌,后果不堪设想。

(2)注重学生的安全意识教育

学生作为体育教学的主体之一,是体育知识与技能的接受者。体育教学安全问题的受益者终归是学生。不论安全机制建立得多么完善,教师的提醒和保护多么周到,也还是不能忽视对学生安全意识的培养。

确切地说,这才是降低体育教学风险的核心。

有数据统计,由于学生安全意识不到位导致在体育教学中发生的事故占绝大多数。据此,应将加强学生的安全意识放在体育教学风险控制工作中的首位。为了建立起学生的安全意识,体育教师在日常教学中就应反复向他们灌输,如及时提醒学生出现的危险行为,必要时甚至应给予批评等。此外,体育教师也要在涉及安全的问题上严于律己,做好学生的榜样,并且还要努力增加教师对课堂的管控力。

(3)注重对风险的先期判断

在长期开展体育教学工作中能够总结出许多与安全管理有关的经验,然后在风险出现的普遍规律引导下,能使教师或教学管理者及时发现风险发生的前兆,并就此将尚未实际出现的风险扼杀在摇篮之中。尽管如此,在现实中也不能做到万无一失,因此要在有所防备的情况下,凭借此前制定的预案做出最快、最有效的应对措施,将风险后果降至最低程度。

第二章 "互联网+"的时代背景及体育教学发展形势

当前,社会已经处于信息化时代,信息的高速传播主要是借助于发达网络实现的。鉴于此,"互联网+"成为近阶段非常火的名词,这一话题的提出并不是偶然的,而是与时代发展需求相适应的,可以说,这是时代发展的产物。

信息网络的迅速发展和广泛普及,对于整个社会来说,所起到的作用是非常显著的,在经济、政治、科技、文化、教育、体育等方面都广泛应用了信息网络技术,这也反映出了"互联网+"的现实意义。本章主要对"互联网+"的发展背景、内涵与特征等基本信息进行剖析,然后对"互联网+"在体育教学方面的应用及其发展形势进行了探索。由此,能对"互联网+"及其在体育教学方面的应用与发展有基本的了解与认识,为后面更加深入的解析奠定基础。

第一节 "互联网+"的发展背景

一、"互联网+"是近阶段最火的概念之一

当前,有很多比较火的热点词汇,比如,"一带一路""四个全面""命运共同体",当然还有"互联网+"。

前几年,"互联网+"就已经开始逐渐普及并迅速发展,受到

很多学者的关注,研究的频率也非常高。可以说,在当时,"互联网+"已经深入人心,而且作为新经济现象的代表被人们接受和青睐。不同的人对新鲜事物的感知能力会有所不同,一些人已经感知到了"大众创业、万众创新"的"互联网+"的大时代以不可阻挡的势态悄然来临,并会在未来的日子里深远影响整个世界。当然也有人对此的感知要差一些,但不管如何,"互联网+"时代的来临是客观发生的。

2015年3月5日,李克强总理在十二届全国人大三次会议上,在政府工作报告中提到"互联网"的次数达到了18次之多,并且首次明确了"互联网+"的概念和行动计划。李克强总理强调"制定'互联网+'行动计划,推动移动互联网、云计算、大数据、'互联网+'等与现代制造业结合,促进网商、工业互联网和互联网金融健康发展,引导互联网企业拓展国际市场"。

"互联网+"概念和行动计划的提出,让大家初步了解这一概念之后,还为大家提供了无限的想象空间。

(一)"互联网+"的概念及其提出

早在2012年,"互联网+"的概念就已经提出来了,当时,这个概念还只是处于探索阶段,是一个在互联网圈内发展的理念,对于它的理解,主要为:它是互联网对传统行业的渗透和改变。经过近几年的发展,"互联网+"已经上升为国家战略和行动计划的高度。

腾讯CEO马化腾认为"互联网+"是一种"生态战略"。

李克强总理则从更加全面的角度,对"互联网+"作出了更加清晰的解释:"互联网+"行动计划,就是通过移动互联网、云计算、大数据、"互联网+"等的综合利用,来与现代制造业相结合,从而促使创新2.0下互联网发展的新形态、新业态的形成与发展。

（二）"互联网＋"的功能体现

对于当前信息智能文明时代来说，诞生于工业文明时代的商业模式，已经无法使当前人们的生产、工作、生活方式的需求得到有效满足，就像农耕文明时代的商业模式不能适应工业文明时代一样。

如今已进入信息智能文明时代。在这个新的时代发展过程中，需要完成一项重要任务，即寻求、发现和认识什么是这个时代最先进的生产力、交换力和消费力。要完成这一任务，就要求必须对各种商业旧思想、旧模式、旧框架进行深入改革，采用新理念、新模式、新结构。只有这样，才能将规模庞大的信息智能经济创新出来，启动并坚实地承托起更便捷、更安全、更幸福、更有价值的高品质生活模式。

在全球信息化的推动下，各个传统领域中越来越广泛地应用互联网技术，世界范围内都是如此，正因为如此，传统劳动演变成智慧劳动和应用服务，能够通过"互联网＋"进行再运用或再分配，其价值得到增加，与智慧劳动有着密切的关系。

在这样的情形下，经济能够将其强劲的渗透力和影响力充分发挥出来，将创新的智慧劳动和智慧经济带到社会的各个角落，对各行各业的方方面面都产生影响，而且这种影响是全方位的、深刻的。

这里所说的"互联网＋"中的创新智能劳动，作为劳动形式的一种，并不是唯一的，其他劳动形式仍然是存在的。还需要强调一点，创新智能劳动的产生，并不是就全面否定了传统经济形式的存在，相反，创新智能劳动，还会积极提升农业经济、工业经济、服务经济。由此，在"互联网＋"经济和环境下，物质型经济所得到的提升程度会更大，只是在整个社会经济的贡献值和地位相对于"互联网＋"经济是有所下降的。"互联网＋"经济在各个经济结构中的贡献地位和主导地位，迟早会代替物质型经济在整个经济体系中的主导地位，这一点是毋庸置疑的。

第二章 "互联网＋"的时代背景及体育教学发展形势

当前,"互联网＋"的应用,不仅范围上不断扩大,深入程度也越来越高,其中,以互联网和数字产品为主导的数字生活,在向智能生活模式转型时,速度是非常惊人的,还充分展现出了"互联＋万物＋云计算＋创新＋智能终端"＝"互联网＋"的集成态势,发展的速度也非常惊人,由此,人们的活动时空得到了极大的拓展。由此可见,"互联网＋"在作为一个简单的信息交互工具的同时,也是转向成为一个具有全面应用功能的综合生活平台和工作平台,除此之外,还在很大程度上支撑着未来的信息智能文明生活。

当今世界,对商品成交率产生影响的因素有很多,其中,起到决定性影响的因素主要有信息传播的速度、交易的速度、决策所需的时间、信息传播的成本、交易的成本,同时,这些因素也是衡量一种新的商业模式是否先进科学的最重要标准。

作为一种智能文明新生态,"互联网＋"毋庸置疑已经成为近几年最火的概念之一,其在商业方面有着得天独厚的优势。同时,还将其显著的可持续性、可分享性、可共赢性特点充分体现了出来。由此可以预见,我们未来生活的主要形态是"互联网＋"环境支撑下的生活,社会经济也将变为"互联网＋"环境支撑下的经济。

（三）"互联网＋"的显著优势

从上述内容中可以发现,"互联网＋"是一种智能文明的新生态,具有显著的特点。通过对其精髓的分析可以得知,它是对物实现连接和操控,同时,还通过技术手段的扩张,赋予网络新的含义,实现人与物、物与物之间的相融与互动、交流与沟通。由此,这里可以将"互联网＋"的优势大致归纳为以下几个方面。

1．"互联网＋"是互联网的一种延伸

"互联网＋"与互联网之间的关系是非常密切的,前者是后者的延伸,而不是互联网的翻版或者接口。

"互联网+"在经过互联网的扩展之后,也赋予了其互联网的特性,但是,其本身的特殊性也决定了其所具有的有些特征与互联网也是不同的。具体来说,"互联网+"能够实现由人找物,也能够实现以物找人,不仅通过对人的规范性回复进行识别,还能够科学选择方案。

2. 合作性与开放性以及长尾理论的适用性

对于"互联网+"来说,其在应用中所表现出来的显著特征,就是合作性与开放性以及长尾理论的适用性,正是因为这些特征,才有效促进了"互联网+"经济的蓬勃发展。

在人物一体化形式的推动下,"互联网+"在性能上会得到进一步的强化,具体来说,能使人和物的能力得到有效拓展和提升。从网络的角度来说,人与人之间的接触会因此而有所增进,从中更多的商机也会被发现和发掘。

这里所说的合作性与开放性,所指的范围比较广,不仅仅局限于物与物之间,还指人与物之间。互联网的合作性与开放性这两大特征对其当前的繁荣发展有着非常积极的推动作用。具体来说,开放性特征能够使无数人通过互联网得以实现他们的梦想;合作性则成倍增加了互联网的效用,使得其运作与经济原则的适应程度更高,从而为其竞争占据了先天优势。

3. 超大容量

"互联网+"的信息存储量已经超过了世界上最大的图书馆,并且这一过程很短,只用了几年时间就实现了,因此,"互联网+"现在已被公认为是人类最庞大、最综合的信息源,并且这是一个拥有不断地自我更新机制的网络。从理论上讲,网上每秒钟的信息都在变化,是一个非常态性的文化存在形式,它是在动态中保持总量增加的载体。

4. 高度一致性

"互联网+"在网络建设费用与信息传播的公众性方面已经形成了良好的平衡状态。在这种平衡状态下,同电话使用与费用结算形式之间存在着类似的关系,这就妥善缓解了在有效使用中进行合理收费的问题。

5. 高度共享性

"互联网+"的并行能力是非常强的,能够允许在同一时间内对同一信息库进行同主题的多用户访问,这就基本实现了资源供给与需求的一致性原则,避免了信息资源的浪费情况。这种世界性的信息文化,存在特点和表现形式上极大的趋同性。

6. 超宽领域

起初,"互联网+"的发展方向就已经明确了,即综合性、大众性,也就是说任何领域的公共信息和绝大部分专业信息都可能在网上存在,并得到许可进行访问。

7. 消除信息传播弊端

"互联网+"将传统信息传播对于接受者在获取信息时间上的固定化打破了,这就为信息使用者提供了较大的便利,也使信息使用的时值峰差难题得到有所解决。但是,又在整体信息源的完整上面进行了良好的保留,同时也使个体的多样化需求得到满足。

8. 高度自主选择性

互联网本身作为一个大型的信息超级市场,具有显著的开放性和超宽领域、超大容量性等特性,这些组合起来,就形成了"互联网+"上特有的高度自主选择性,同时,信息传播和使用的效率也大大提高。它在信息组合形式上具有大数量级的可能,并拥有信息多次组合、多重组合的状态,而且这是在自由状态下的非固化组合。

9. 对信息储存与传播地域的突破

从理论上来说,只要有网络覆盖的地方,都可以进行网络访问。由此可以看出,信息文化可以通过一种极为广泛的世界性形式而存在和被使用。

10. 自由对话

国际"互联网+"给每一个上网用户提供了一个前所未有的、十分广阔的自由对话领域,使不同文化背景下的个体间接触越来越密切,大大方便了个体间的异地远程联系。在网上,不管是什么主题的、长时间的(可保留的)、多媒体形态下不同文化形态,个体间的联络都可以实现,而且,运行成本是非常低的。

11. 综合社会服务功能

除了上述这几个方面的优势外,其还具有功能综合性的显著特点,主要表现在教育、科研、医疗、国防、商务、政治、艺术、体育等各方面、各层次的服务功能上。

二、"互联网+"是时代的发展产物与选择

近年来,在全球范围内,从所有的经济领域的角度上来说,信息技术化是发展的关键所在,未来更是创新信息智能互联化。

信息互联在各国经济中有着非常突出的核心地位,这是其他方面所无法替代的。不管是农业、制造业、服务业,还是政府部门,信息互联已经成为一个"普遍深入"的现象。

这些技术的联动,最终实现的是世上各种有形的、无形的资源在时空上的利用最大化、安全保障化、成本最低化。

在成为全球第二大经济体后,中国将面临经济结构调整和重

第二章 "互联网+"的时代背景及体育教学发展形势

新均衡的挑战。由此,我们不由得提出这样的问题,中国经济增长的转型能否顺利实现,需要借助的力量有哪些?

通过与当今全球经济的运行环境和整体发展趋势相结合形势发现,我国经济结构调整是否成功,主要的决定性因素是我们的"互联网+"经济,换言之,就是"互联网+"经济在整个经济结构中所占的比重和影响力,在很大程度上决定着信息互联经济的发展程度。

通过相关的实例分析和归纳总结,可以得出以下几点结论。

1. 全球经济处于低迷震荡的状态,但作为"互联网+"经济的基础——信息经济,却呈现出持续增长的态势。

2. 在全球一体化进程的推动下,和谐经济框架的受重视程度再度提升,更是进入了经济发展的首要位置上。

3. 从中国经济运行的数据上可以看出,中国经济正处于结构性调整的状态。

在这样的时代背景下,我国政府提出在经济结构调整和发展方式上要实现三个目标,实现途径所涉及的领域中,主要为"互联网+"经济领域。

1. 由投资和出口的拉动积极转变为向消费、投资、出口协同拉动。协同就是需要同步提高,其中,最好、最大的动力源就是高科技的应用。

2. 由工业带动积极转变为一产、二产、三产协调拉动。一产、二产、三产的创新化应用和信息经济比重提升,这些都对整个"互联网+"经济体的单位成本构成产生了直接影响。

3. 由过度依靠资源消耗积极转变为依靠技术、管理、创新方面。"互联网+"经济是在科技和创新的基础上实现的,"互联网+"经济在整个经济体的份额中所占比重的高低,能够将整个经济体资源消耗依赖度的下降程度充分反映出来。

正是这些"互联网+"经济的技术、管理、创新等要素的变化结果,最终能够将我国经济结构转型的程度反映出来。

"互联网+"经济在我国三产里面的比重不断上升,这是其一个重要表现。同时,其还有一个显著表现,即将直接渗透到我国的一产和二产之中,并对一产和二产产生影响。这也就决定了"互联网+"经济将顺理成章地成为我国经济结构发生转变过程中所有研究的重中之重。

我国身处全球经济依存度相对发达的大环境中。一定要高度关注国际形势的走向,这也会对我们自身的发展走向产生影响。如今,发达国家中已经有一半以上的从业人员从事以信息为主的工作,且预测在未来10年人类的全部工作中将有4/5与信息经济有关。

另外,以电脑、网络、机器人为标志特征的信息时代,其发展速度让人瞠目结舌。信息已经不仅仅局限于专业的研究了,其已经进入人们的日常工作和生活中。信息已经将全世界的电脑都联系起来了,所有的信息以及各种多媒体视听设备都属于这一系统的组成部分,并在人们的生活和工作、学习中有着广泛的应用。正是因为如此,每一个人的生活、工作、学习都因此而发生着变化,除此之外,全球人类的生活习惯、工作习惯、学习习惯、生产习惯、科研习惯和商业习惯也都发生了变化,人类的生活、工作和学习内容更加丰富和充实。

信息无处不在、无时不在。不同内容的信息,所产生的价值和价格不同,不同内容的信息的市场需求也会不同,能服务的行业以及适用的人群也各不相同。

三、"互联网+"会对世界经济发展产生影响

(一)"互联网+"发展的必然性

世界上最有意义的事物大都类似多样融合的网络系统。比如人是由许多丰富的"网络系统"所组成的。其中,脑是一个由神经键连接的巨大的神经元网络。在一个细胞中,基因行为的控制是由调节蛋白连接的基因。如人的眼、耳、鼻、舌、皮肤等信息

采集器官与嘴、手、脚等信息输出器官以及大脑构成的信息处理器和存储器,就是通过遍布人全身的神经网络互联在一起,而形成一个人体内部的多样融合的"网络系统"。

通常来说,丰富的网络系统采取的基本都是自下而上的有机组织模式。所有的组织可以分成两种类型:一种是传统意义上的自上而下的机械组织模式;另一种则是正在改变着企业和世界面貌的有机组织模式。

随着社会的发展,世界日益向以联系和合作为主要特征的运行模式转变。这就需要不断进行组织创新,打破和拆解一道道"围墙、天花板和地板",发展"多样融合的网络系统"。"互联网+"就是这种智慧产物。

在全球信息产业发展的带动下,"互联网+"已成为一种发展的必然。仔细分析发现,"互联网+"发展驱动力有多个方面,具体包括:第一,信息业务的分组化,这是网络演进和融合的最大驱动力;第二,技术的进步,新技术层出不穷;第三,用户需求的提高,用户希望能够利用任何终端在任何地方、任何时间享受丰富多彩的业务;第四,则是运营的需求,为了支持多种电信和传媒业务,各大运营商都希望能有一个整合的 IP 化的基础网络。

(二)"互联网+"对世界经济发展的影响

"互联网+"的存在与发展是必然的,其也具有存在与发展的必要性,这主要体现在对世界经济发展所产生的影响上,大致有以下几点。

1. 固定电话市场的逐渐萎缩,促使固网运营商在运营成本上加强了控制

当前,语音应用越来越多,这就促使 IP 协议的服务质量不断改善,数据网打电话已经成为现实,这就使得原本非常昂贵的长途电话变得非常便宜,实现了信息交流的便民化和普遍化。

在技术发展的推动下,电话网络和数据网络逐渐融合在一

起,具体来说,就是语音信号通过数据网络传输已经成为现实,并有普及的趋势。电话网络和数据网络的合并,能够使通信网络的运营成本大大降低,网络的管理流程也大大简化。这些对于运营商而言,意味着运营成本得到了理想的控制。

2. 经济全球化需要"互联网+"的网络架构

"互联网+"所产生的影响,并不仅仅体现在成本的节省和网络管理的简化上,IP技术使移动和便捷性的需求得到极大满足,才是其最大的益处所在。这里所说的移动和便捷性,主要是指通过IP网络,使PC和PC、PC和电话、电话和电话的对接得以实现,如此一来,不仅能使生产效率得到提升,还能大大降低成本。

随着全球性企业和经济全球化趋势的逐渐增进,这就对企业融入全球化的架构提出了要求,"互联网+"的架构是全球化的,在有互联网的地方,就可以和合作伙伴进行便捷的沟通。

3. 绿色、低碳经济的发展离不开"互联网+"

基于"互联网+"的经济活动代表的是一种新的工作方式,一种更为绿色、低碳的经营方式。现代化企业要以全球化发展为立足点,面对"低碳"经济的大趋势,发展和实践"互联网+"具有必要性和紧迫性。

4. "互联网+"兼顾多方利益

"互联网+"对行业发展所产生的影响是积极的,具体可以从不同方面来加以分析。

（1）就客户来说,能够使客户关系简化,并能提供一致的客户体验。

（2）就行业自身来说,"互联网+"能够使行业结构失衡的问题得到妥善解决,同时,还能有效优化资源配置,升级换代行业结构,实现可持续发展。

当今的情况是运营商太多,制造商太多,ISP也太多,从全球范围来说是这样,在中国也不例外,整合就显得非常重要且必要。

(3)从制造商的角度来说,"互联网+"将研发、生产线和市场这几方面高度聚焦起来,并且妥善解决了产品过多过滥、低层次低水平的重复问题。

(4)从运营商的角度来说,"互联网+"的网络架构是统一的,且较为简化,以有限的协议和接口,还能不断优化和融合网络各个层面。如此,就能够达到有效降低网络建设和运营成本的目的,同时,在新业务的机遇方面也有所创新。

第二节 "互联网+"的内涵与特征

一、"互联网+"的内涵

"互联网+"中,所强调的关键点不在"+",而在"网"。网的意义不仅在于简单的网络连接,而是更重要的交互,以及通过互动衍生出来的种种可持续发展的特性,从而最有效地提高生产效率和资源利用率,使人类发展水平得到提升。

关于"互联网+"的内涵,可以从以下两个方面来加以分析。

(一)"互联网+"将互联网作为核心和基础

"互联网+"所构建的一个能实现人与物、物与物的信息交换和共享的网络信息系统,其重要基础就是互联网。整个信息系统的运行都是在互联网的运行下所开展的,可以说,"互联网+"是互联网接入方式和端系统的延伸,也是互联网服务的拓展。

(二)"互联网+"有效整合了物质世界和信息世界

通常,人们将"互联网+"理解为一个动态的全球信息基础设施,其实质在于,将世界上的人、物、网和社会融合为一个有机的整体,在"互联网+"的基础上,使世界上人类的生活活动、生产活动、经济运作、社会活动更加智能化地运行。

二、"互联网+"的基本特征

从对"互联网+"的分析中发现,"互联网+"是通过各种感知设备和"互联网+"连接物的,全自动、智能化采集、传输与处理信息的,实现随时随地科学管理的一种网络。由此可见,"互联网+"所具有的基本特征可以大致归纳为:"网络化""物联化""互联化""自动化""感知化""智能化"等。

(一)网络化

网络化是"互联网+"的基础。无论是 M2M、专网还是无线、有线传输信息,感知物体,形成网络状态这是一个必要条件。不管是什么形态的网络,最终都必须与互联网相连接,这样,真正意义上的"互联网+"才有可能形成。否则,"互联网+"是根本不可能形成和存在的。

(二)物联化

"互联网+"要求人物相联、物物相联,这是基本条件。"互联网+"能够使人们和物体的"对话"以及物体和物体之间的"交流"都得以实现。换而言之,互联网完成了人与人的远程交流,而"互联网+"所完成的则是人与物、物与物的即时交流,这也对由虚拟网络世界向现实世界连接转变的顺利实现起到了促进作用。

(三)互联化

"互联网+",实际上就是将多种网络接入、应用技术的全方位集成起来的一种形式或者平台,这就赋予了其在一定的协议关系下,实行多种网络融合,分布式与协同式并存的显著特征。

"互联网+"的开放性特征要比互联网的互联化特征更加显

著,这主要是由于"互联网+"具备随时接纳新器件、提供新服务的能力,可以将其理解为自组织、自适应能力。

(四)自动化

互联网自动化通过数字传感设备自动采集数据,然后以事先设定的运算逻辑为依据,通过软件自动处理采集到的信息,这一过程基本上可以自动完成,不需人为干预。按照时间、地点、压力、温度、湿度、光照等设定的逻辑条件,可以在系统的各个设备之间,自动地进行数据交换或通信;对物体的监控和管理实现自动指令执行。

(五)感知化

"互联网+"的感知元器件,主要是指"互联网+"的射频识别、红外感应器、全球定位系统、激光扫描器等信息传感设备,这些感知元器件的主要功能,和人的视觉、听觉和嗅觉的功能是一样的。

(六)智能化

"智能"主要是指个体对客观事物进行合理分析、判断及有目的地行动和有效地处理周围环境事宜的综合能力。"互联网+"的产生本身就是一种智能的体现,具体来说,是微处理技术、传感器技术、计算机网络技术、无线通信技术不断发展融合的结果。从其"自动化""感知化"要求来看,它已能代表人、代替人对客观事物进行合理分析、判断及有目的地行动和有效地处理周围环境事宜,智能化实际上体现的是其综合能力的高低。

"互联网+"能够通过数字传感设备来实现数据的自动采集,同时,也可以借助云计算、模式识别等各种智能计算技术的利用,来对采集到的海量数据和信息进行自动分析和处理。这些通常是自动完成的,不需要人为的干预,其本身就能按照设定的逻辑条件来进行,在系统的各个设备之间,自动地进行数据交换或通信,对物体实行智能监控和管理,使人们可以随时随地、透明化地获得信息服务。

第三节 "互联网+"背景下体育教学发展的形势

一、"互联网+"教学模式及其价值体现

从教育领域来说,"互联网+"从整体改变了教学模式。目前,在我国的教育体系中,传统教育模式仍然占据主体地位,备课、课堂教学以及教学考核仍然是教学过程中的主要流程。但是,传统的教学模式与当前教育教学的发展以及学生的学习需求已经不相适应了,在发展平台和资源方面并没有优势,在激发学生兴趣、提升学生能动性方面无法起到应有的作用,不利于学生的综合发展与提升。而"互联网+"给教学模式所带来的改变则恰好能有效弥补传统教学模式的发展弊端。

第一,"互联网+"教学模式,能大大提高传统教学模式的各类流程的运作效率,这样,也能有效解开教师在传统教学模式方面的约束与束缚,使其紧跟时代潮流,借助互联网以及信息共享迅速获取资源、管理资源,有效提升工作质量。

第二,"互联网+"能使学生和教师之间的沟通交流得到有效增强,使得学生的学习反馈、老师的教学指导均能实时化,这就大大方便了教师教学管理的开展与实施。

第三,在"互联网+"背景下,教师能为学生打造一个更广阔的自主学习平台,这具有非常显著的现实意义。主要体现在调动学生的学习兴趣以及主观能动性、独立思考能力以及综合学习能力等方面。

二、"互联网+"对体育教学改革的影响

当前,"互联网+"是较为热门的概念之一,可以将其理解为

第二章 "互联网+"的时代背景及体育教学发展形势

是发展概念的一种,它积极影响着体育学科教学改革和发展,具体体现在以下几个方面。

(一)"互联网+"获取信息丰富

在"互联网+"的背景下,体育教学的信息获取渠道得到了进一步的开拓和扩展,这就能使体育教学内容得到丰富和充实,这是传统体育教学所无法比拟的。

(二)"互联网+"有效提升学习效率

同时,在传统的高校体育教学过程中,教师所教授的学生往往是几十人甚至上百人一个班级,教师在学生中则处于绝对的中心地位,学生仅仅能在课堂上根据教师简单的讲解和示范被动地进行模仿和学习,由此所获取的教学效率十分低下。而在"互联网+"的背景下,学生能从相应的信息教学平台中获取更多的体育信息,通过文字、图片、音频以及视频等途径对体育课程内容和相关知识有更加充分和全面的了解。可以说,这是教师借助时代背景所创造的学习环境,也是学生学习效率提升的重要基础。

(三)"互联网+"知识储备雄厚

调查发现,目前我国的很多学校在体育教学课程以及资源方面,并不占优势,并且这些资源都是非常有限的,这就制约了学科的开展与发展。即便能勉强开展,学生在了解体育领域更多的相关知识和发展现状方面也不会有理想的成效。

在"互联网+"的教学改革下,学生能够通过网络信息技术,以多元化的途径和方式来获取体育领域内各个方面的知识,如此,不仅能使学生在体育方面的知识得到丰富和充实,还能使他们在体育方面的兴趣和能动性得到有效激发和提升,这对于学生综合素质和能力的发展与提升有积极的促进意义。

三、"互联网+"促进体育教学改革与发展

"互联网+"对体育教学改革及发展也会产生积极的影响,具体体现在以下几个方面。

(一)使体育教学的互联网思维进一步加强

在"互联网+"背景下,要将之前传统体育教学模式的禁锢打破,建立并加强其体育教学的互联网思维是首要任务。所谓互联网思维,就是首先要对互联网的基本情况有充分的了解,在此基础上,更深层次地挖掘和分析其内在的发展规律以及优势,从而达到有效促进体育教学改革的作用。

当前,传统的体育教学仍然存在,并且主要表现为教师的言传身教,对于学生来说,他们只能在有限的课堂时间内仓促模仿,所取得的学习效果可想而知,也会影响到学生的学习兴趣。因此,这就要求教师应充分利用互联网信息技术对体育教学进行信息化模式改革,有效改善体育教学的现状,提升教学效果。

比如,可以借助互联网技术来对传统的体育课程内容进行信息化变革,使体育学科内各项体育运动的知识内容以及探索性渠道都得到有效拓展,并对学生进行积极的指导,从而使他们能够在该平台上自主获取必考的知识以及感兴趣的内容。除此之外,教师还可以通过微课,来开展新型的教学模式,从而使教学资源更加丰富,也为学生更好地参与到体育教学中提供支持。

(二)体育教师的互联网教学素养有所提升

在体育教学中,教师是处于重要主导地位的,对于学生的学习以及其他教学活动的开展与管理来说,都起到不可替代的重要作用。因此,要促进"互联网+"时代背景下体育教学的改革与发展,从根本上来说,就是要对体育教师的互联网教学素养进行培训和提升。因为教师在体育教学中对学生有着积极的引导作

用,教师综合素养的水平决定着其教学水平,因此,做到这方面的培养与培训是至关重要的。

要对教师进行互联网教学素养的培训,首先应促进教师的计算机应用水平,并通过组织相关的培训课程提高教师的多媒体应用技术,使其能充分利用互联网教学手段对传统的体育学科内容进行变革。[1]

(三)构建网络平台创新体育教学模式并使其更加完善

目前,"互联网+"已经在不同的领域中都有了普遍的应用,人们对于在各类互联网平台上进行学习以及交流已经形成了习惯,并且非常乐于这样做。因此,对于体育教学的变革而言,要对体育教学的发展起到积极的促进作用,首先,要让学生能够对这一学习方式持接受的态度,这是首要任务;从教师的角度上来说,要通过网络资源管理为学生创造良好的网络学习环境,使其能在日常学习中通过这些网络平台完成专业的体育学习任务。

只有这些还远远不够,教师自身要在构建以及完善网络学习平台的过程中,高度关注体育学科的知识资源量,同时,还要重视这些资源的筛选和管理。这样,不仅能使学生在网络平台学习过程中,将平台的价值最大程度地利用起来,高效率地选择适当的知识点和内容,保证学习资源的质量,这对于学生学习参与度的提升以及学习主观能动性的加强也是有益的。

(四)优化校园体育文化,打造校园"互联网+"体育氛围

近年来,随着互联网技术的飞速发展,已经有许多学生能通过互联网获取较多的信息资源。然而,对于学校学科发展而言,要想为学生提供更好的自主学习环境,充分利用互联网技术和资源是必经之路。

因此,这就要求学校必须对校园体育文化的构建加以重视,

---

[1] 张舵."互联网+"时代背景下高校体育教学改革与发展研究[J].当代体育科技,2019,9(32):160-161.

通过资源设计打造校园"互联网+"体育氛围。具体来说,教师首先要对现代体育精神及对当下学生体质健康发展和心理健康发展的价值有充分的了解和认识,同时,还要做好社会主义核心价值观的宣传。除此之外,学校还要与体育院系联合起来,在学校中开展各院校的联合体育活动,通过互联网平台进行宣传、直播,定期在校园内营造浓郁的体育文化氛围。

四、"互联网+"对教育理念传播的影响

教育理念,在体育教学中是处于灵魂地位的,教育理念的先进与否,在很大程度上决定着体育教学的发展状况。因此,优化和提升教育理念至关重要,"互联网+"对于教育理念的传播与发展也起到积极的影响,具体如下。

(一)体育教育视频在教育网站的发布

随着"互联网+"行业的迅猛发展,教育行业中的商机逐渐显露出来,越来越多的人开始开发这方面的资源,发展至今,各类教育教学课程应有尽有,层出不穷。

通过对目前市面上较火的一些教学软件研究发现,各软件上关于教育的课程非常多,但是,关于体育教学方面的,却相对比较少,所占的比重也非常低。对此,体育教学相关单位应该在充分了解人们需求和兴趣的基础上,不断创新网络教学方式,以吸引更多的受众,在互联网上发展体育教育,将体育教育与互联网这一途径充分结合起来,为体育教育的开展创造良好的条件,也充分满足学生在这方面的需求。

(二)体育教学宣传片的播放

当前,经济发展速度飞快,人们的物质生活已经达到了较为理想的水平,简单的物质需求在得到满足之后,人们将关注点逐渐转移到了自身形象和健康长寿等方面,希望在这些方面有更好

的期许。这就导致了健身行业的产生、发展和逐渐普及,健身房如雨后春笋般接连出现在人们的面前,因此,当前大部分人们健身的需求已经得到了满足。

需要强调的是,健身行业的迅速发展,让更多的人将健身列入了自己的计划单中。但是有一点要注意,在这些自己摸索着健身的人群中,很多都是没有系统学习有关体育知识,因此,盲目跟风健身而受伤的情况普遍存在。为了有效避免在健身过程中意外受伤的情况,如果有经济条件,聘请有经验的私教进行指导是非常好的一个方式。但是,私教的价格非常高,不是所有健身人群都能承受的。所以,对于那些没有学过专业的健身知识又没有经济条件请私教的人,在互联网上观看相关的体育教学视频,学习健身知识就显得十分必要了。

某种意义上来说,体育教学视频的出现,主要就是为了满足这一部分人的需求,他们通过在网络上的学习,大大缓解了经济压力。而且,好多软件都有讨论互动的地方,这样老师们就能及时接收学员们的反馈,不断改进完善课程教学内容。[①]

(三)网上教学的定期开展

众所周知,现在的网课已经成为普遍现象,相较于线下的课程来说,价格实惠并且最大程度地实现了资源共享,这是网上教学的显著特点。一般可以通过邀请体育界知名的专家来向全国各地的人士传授体育知识,并且在课堂中通过打字与老师进行互动学习,使人们的时间与精力都得到最大程度的节约,同时,也尽可能保证学习效果。

---

① 钱琴.在"互联网+"时代下体育教学发展的新思考[J].才智,2019(31):128.

第三章 互联网视域下体育教学创新思维的转变

伴随着时代的不断发展,各种信息化技术在社会各个领域得到了广泛的利用,其中互联网技术具有一定的代表性。在互联网技术日益发展的背景下,体育教学可以充分利用互联网教学思维及方法,从而提升体育教学的质量和效果。在互联网视域下,旧有的教学理念已难以适应现代体育教学的发展,因此,这就需要及时地转变与更新旧思维、旧观念,树立现代体育教学的新理念,推动体育教学的进一步发展。

第一节 体育教学思维的转变与发展

一、体育教学思维的概念与特征

（一）体育教学思维的概念

关于教学思维的概念,诸多专家及学者都有自己的见解和认识,其中以下两位专家的认识比较有代表性。

学者代建军认为,对于教学思维的认识可以从各种教学现象和教学问题等方面来理解,在具体的体育教学过程中,体育教师充分运用比较、综合、联想等方法组织教学活动,在教学过程中逐步形成自己的教学理念,在教学理念的指导下实现既定的教学目标与任务。在某种教学观念的影响下而做出的各种教学决策从而影响教学行为的思维活动就是教学思维。①

学者刘庆昌认为,教学思维可以说是人类教学实践活动的理论总结,它指的是在一定的教学观念支配下的教育操作思路的统一体。②

综上所述,我们可以将体育教学思维的概念概括为:体育教学思维是指体育教师从专业视角对各种教学问题进行思考并作出判断以及回答、议论和解决的一个认知过程。③体育教学思维对于体育教学活动的顺利开展具有重要的意义。

(二)体育教学思维的特征

体育教学思维可以说是对体育教学过程的一种认识,其特征主要表现在以下几个方面。

1. 动态性特征

在具体的体育教学活动中,师生之间少不了各种互动与交流,整个教学过程呈现出动态发展的特征。师生之间的互动也呈现出动态变化的特征。在课前、课中或课后,体育教师的情感都会出现一定的变化,教师为了帮助学生更好地学习与提高体育知识与技能,采取各种手段与措施激发学生学习的兴趣。这些手段的采用有一定的不确定性和变化性。选择的手段不同,就有可能带来不同的教学效果。由此可见,体育教师教学活动中的思维不是固定不变的,是处于变化之中的,具有一定的动态性特征。

2. 复杂性特征

在具体的体育教学过程中,影响教学活动顺利进行的要素是多方面的,作为一名出色的体育教师,一定要具备出色的组织教

---

① 李志厚.论教学思维的属性、特征与修炼[J].课程.教材.教法,2016 (10):32-38.
② 同上.
③ 同上.

学活动的能力,要能洞察体育教学中的各方面因素,展开有针对性的教学活动。师生是体育教学中的重要主体,二者之间的关系比较复杂,除此之外还存在着其他方面的关系,体育教学需要在这样的复杂局面下,处理好各方面的关系,引领体育教学主体朝着预期的方向发展。

师者,传道授业解惑也。作为一名体育教师,必须要在具体的教学活动中,解答学生的各种疑问,帮助学生积极主动地思考问题,这就使得教师的思维呈现出一定的复杂性特征。

3. 应用性特征

与其他课程相比,体育教学活动具有很强的实践性。在体育教学活动开展的过程中,体育教师利用各种教学手段与方法指导学生进行各种技术动作的学习。在这一过程中充分贯穿着体育教师的教学思维,这就是体育教学思维在体育教学的具体应用,体现出重要的应用性特征。

4. 综合性特征

整个体育教学过程是比较复杂的,整个教学过程中存在着各种不确定因素,作为体育教师而言,要密切关注这些不确定的因素,展开有针对性的教学活动。体育教师在教学过程中要充分结合体育教学目标、体育教学思想、体育教学理念、体育教学方法等因素组织与开展具体的教学活动,这样才能保证教学活动的顺利进行。另外,体育教师还要考虑自己的个性特征、体育教学策略、体育教学计划等,保证教学活动的顺利进行。

5. 元学科性特征

在体育教学中,学习与提高运动技能不是最为根本的目的,其目的在于通过体育教师的教学,学生能掌握学习的手段与方法,实现学以致用的效果。为实现这样的效果,体育教师必须要充分认识与了解体育学科的概念、特征、功能及思维方式等多方面的内容,这样才能产生正迁移的作用。

在互联网教学思维下,教学思维不仅是关注教学活动本身,而且还要重点关注体育教学活动的主体——学生,引导学生积极参与整个教学过程,在这样的情况下,学生的各方面素质才能获得进一步发展和提高。这一过程属于一个元认知或元学科式的横向思考过程,因此体育教师一定要把握体育教学思维的这一特征,这样才能组织与实施合理的教学活动。

(1)让学生充分认识与理解体育教学课程的概念与性质。

(2)让学生在体育教学活动中受到启发。

(3)根据具体的教学实际及时调整学生的学习观念、学习态度和学习行为。

二、体育教学思维转变与发展的基本方向:从简单到复杂

人的思维方式主要包括简单思维与复杂思维两种方式,体育教学思维的转变主要指的就是从简单思维到复杂思维的转变。

(一)简单思维

人之所以与动物不同,其中一个很重要的原因就在于人类具有各种复杂的思维方式,这一思维方式主要是指一定的世界观在人头脑中的内化与表现。恩格斯认为,人类的各种思维方式都是一定的历史时期的产物,在不同的时代背景下,人类的思维方式会呈现出不同的样态。[①]人的简单性思维主要来源于简单性原则。但需要注意的是,简单性思维并不是指简单化地处理社会问题,而是利用简单思维的方式处理复杂的问题,将问题简单化,这样便于更好地处理。总之,简单性思维主要是将系统看作是一个单一因果关系的线性相互作用系统,该系统处于一个平衡发展的状态,该系统的运行是有序的,遵循一定的规则。

---

① 赵闯.从简单到复杂:体育教学思维方式的转变[D].南京师范大学,2007.

在简单性思维方式的指导下,世间万物都可以简化为机械系统,该系统内的各个零件相互作用、共同发展,如果人们能够对每一个零件进行细致的分析,就能总结出世界上各种事物的发展特点与规律。在人们认识世界与改造世界的过程中,简单性思维可以说是发挥着非常重要的作用,对人类社会的发展有着重要的意义。

在学校教育中,简单思维可以说是建立教学体系的一个主要依赖,这一思维方式在体育教学领域也发挥着极为重要的作用。

伴随着现代社会的不断发展,简单思维逐渐与现代社会发展的客观要求不符,开始制约着人类思维的发展,这就需要由简单思维向复杂思维的转变。但需要注意的是,简单性思维仍然在人类思维史上占据着非常重要的地位,并不是可有可无的。

(二)复杂思维

伴随着现代社会的不断发展,人类探索世界的思维方式开始由简单思维向复杂思维转变。与简单思维不同,复杂思维主要呈现出以下几个特征。

1. 非线性特征

线性与非线性属于一对数学概念。线性指的是两个变量之间的正比例关系;非线性则是指两个变量之间没有直线关系。复杂性与简单性相区分的一个基本尺度就是非线性。非线性系统具有多样性的特征,在具体的实践探索中,我们要从不同层次、不同角度来研究复杂的非线性系统。

2. 生成性特征

世界每时每刻都是处于不断发展和变化之中的,这说明世界具有不确定性的特征。在这样的情况下,世间万物也就呈现出一定的不可预测性和不可重复性特征。伴随着时代的不断发展,各种事物都会发生明显的变化,整个世界可以说处于不断地创新与变化之中。各种旧事物被淘汰,新鲜事物萌生,整个世界呈现出一个复杂的动态过程,这一过程中各个事物是生成和变化的。

3. 整体性特征

复杂性思维还会呈现出一定的整体性特征,这一特征呈现出各个组成要素本身并不具备的新特征。对于整个系统而言,系统内各要素发生着非常密切的联系,各个要素之间的关系是比较复杂的,这一复杂性的科学理论也被称为"非还原论科学"。

4. 开放性特征

简单思维下,系统是处于封闭的平衡状态,系统内各要素与其运行环境没有互动与交流。而在复杂思维下,系统被认为是开放的,系统内的诸要素都与系统或外界发生着各种各样的联系。因此,复杂性思维要求我们本着发展的、开放的眼光看问题。这种思维方式与人类现实世界的真实图景更为接近,促使人们的思维方式由简单性思维转变为复杂性思维。

需要注意的是,在体育教学领域,我们通常采用的都是简单性思维,在简单思维的指导下去分析问题和解决问题,复杂性思维的运用不完全。这一情况在未来的体育教学中亟须得到转变,这样才能符合现代学校教育的基本要求。

三、简单性思维转变为复杂性思维的必要性

(一)出于体育教学内在逻辑发展的需要

在当今社会背景下,体育教学理论的发展面临着诸多方面的挑战,作为体育工作者要勇于突破传统局限性,打破旧有的体育教学理论的框架,重新审视体育教学新理论,用复杂性教学思维去分析问题和解决问题。

在现代教育背景下,运用复杂性思维对体育教学系统内的各要素进行分析具有重要的意义,这样做的目的是启发创新性思

维,形成研究的新视角。这样紧跟时代发展的形势,对于整个体育教学而言具有非常重要的理论与实践意义。

(二)体育教学主体的复杂性

在整个体育教学系统中,存在着各种各样的要素,正是因为这些要素之间的相互联系才构成了大的系统。在体育教学系统中,教师和学生是重要的主体,缺少了这两个重要的主体,体育教学活动也就无法开展。作为体育工作者必须要从生物学、社会学、心理学等方面对其进行全面的考察与研究,才能得出正确的结论。可以说,这两个主体要素的复杂性决定了体育教学系统的复杂性。

体育教学主体具有一定的复杂性特征,这一特征具体体现在以下几个方面。

第一,体育教学的主体——师生在年龄、经验与社会履历等方面都存在着一定的差距,因此其在思维方式、知识结构、综合素质等方面就存在着一定的差距,这是非常正常的情况。

第二,由于每一名学生在身体素质、运动基础、兴趣爱好等方面都存在着一定的差异,因此相对应地也就存在着班级间的差异。

第三,体育教学中存在着师生、生生等关系,处于这些关系之下的人都会对其他人构成一定的影响,进而影响到体育教学活动的顺利进行。因此,作为一名出色的体育教师,需要在平时的教学活动中恰当地处理彼此之间的关系,只有如此才能提高教学的效率,实现教学目标。

综上,在具体的体育教学实践中,体育教师要充分认识到这一差异,要科学组织与安排教学过程,实施因人而异的教学。

(三)体育教学其他要素的复杂性

体育教材是教师教学和学生学习的重要载体,缺少了这一载体,体育教学活动便无法顺利进行。

作为学校教育的重要组成部分,体育教学在近些年来受到高度重视。伴随着现代社会的不断发展,体育教学系统发挥着越来越重要的作用,可以为社会培养大量的人才,满足社会发展的需求。

与其他学科不同,体育教学注重实践性,大部分的教学活动都是在户外进行的,教学环境与其他学科也有着极大的不同。体育教学环境主要包括物质环境,还包括心理环境和社会环境(表3-1),这说明体育教学环境具有复杂性的特征。

表3-1 体育教学环境要素

环境类型	环境要素
物质环境	各种体育教学场地或体育场馆
	体育教学设施、体育教学设备等
	图书馆中的各种书籍和资料
	体育事件活动中的生态环境
心理环境	学校的风气与习俗
	学生学习的风格
	体育教学理念、体育教学思维等
社会环境	人与人之间的沟通与交流
	各种社会舆论
	教师教学与学生学习的环境
	教师与学生之间的关系
	学生与学生之间的关系
	体育课堂管理
	课外活动
	社会各界人士对体育教学的认识

(四)体育教学研究的简单化倾向

通过以上分析可知,体育教学属于一个复杂的系统,该系统内包含的元素众多,因此需要运用复杂性思维来分析问题和解决问题。但是,受各种因素的影响,当前在学校体育教学中,简单性思维方式仍然占据主导地位。这主要体现在以下几个方面。

1. 追求还原论,忽视整体性

运用简单性思维去处理体育教学中的各种问题,主要表现为只追求突破体育教学的一个环节或一个部分,而忽视了整个体育教学系统的改革与发展,这对于体育教学的发展是非常不利的。

2. 追求普适性,忽视特殊性

在简单思维的指引下,人们往往只重视简单体育教学框架的研究,忽视了体育教学的复杂性,导致构建的教学理论体系非常枯燥和呆板,欠缺机动性。这种做法忽略了系统的特殊性以及系统中的局部因素研究,因此这一研究欠缺科学性和合理性。

3. 注重结果,忽视过程

在简单思维的引领下,人们往往只注重研究的结果,对于研究的过程不甚重视。这部分研究者试图寻找到一种一劳永逸的教学方式来引导体育教师和学生的发展,但实际上,整个教学系统以及系统内各要素都是处于不断的发展和变化之中的,这一方式欠缺合理性。

4. 对研究对象特殊性的认识不充分

在体育教学中,研究的重点应该集中于促进学生健康成长和发展。另外,整个体育教学过程都是比较复杂的,处于不断的变化与发展之中,尤其是学生这一主体要素是复杂多变的。因此,其他学科的研究方法并不一定适合体育教学研究,体育教学研究要建立在充分认识与了解研究对象的基础之上。

5. 研究成果缺乏实用性

与一般的学科研究不同,体育教学研究更注重实用性,这主要表现在两个方面:一方面需要通过一定的检验活动来评定教学研究成果是否正确;另一方面通过一定的手段评定体育教学研究成果是否具有应有的实用价值。这两个方面都是必需的,缺一不可。

体育教学研究是一项非常复杂而艰辛的工作,在这一研究过程中,工作人员需要付出加倍的努力才有可能获得预期的研究成果,这一研究成果不仅要正确,而且要具有一定的实用价值,这才是有意义的研究。因此,体育教学研究要强调来源于实际需要、应用于实际需要的实用性。

6. 重复研究,没有创新

作为研究人员,首先就要明确体育教学研究的各个问题,要选择那些具有研究价值的选题。深入细致地调查与研究课题的现状,搜集大量的资料展开细致的分析。当前,很多体育教学方面的研究都属于重复性的研究,有很多研究内容都缺乏必要的意义,既不能丰富和完善现有的体育教学理论体系,也没有一定的实际价值,可以说这些研究都是无用的研究。因此,体育教学研究要与时俱进,讲究创新性的应用与发展,这样的研究才是有意义的研究。

第二节 互联网视域下体育教学思维的创新

一、影响体育教学思维创新的因素

当前,我国学校教育普遍进行素质教育,素质教育的一个非常重要的目的就是培养和提高学生的创新意识与能力。对于个体而言,要培养和提升自身的创新能力,首先就要具备一定的创新思维,这是最基本的条件。

需要注意的是,创新思维并不是凭空产生的,其形成与发展需要一个长期的过程,是个体通过不断的摸索与发展才形成的。在培养创新意识或思维的过程中,会受到各方面因素的影响。作为个体,必须要充分认识到这些因素,并采取必要的手段和措施消除这些因素带来的消极影响,这非常有利于个体创新思维的形成与发展。具体而言,影响个体创新思维的因素主要有以下几个方面。

(一)认知因素

学生在培养与发展自己的体育教学思维时,主要受以下认知因素的影响。

1. 容易产生思维定式,学生不能及时领悟当前发展的具体实际情况。

2. 学生的体育知识结构体系不丰富,缺乏创新思维能力提高的必要条件。

3. 技术动作表征和运用能力较差,不能正确地感知和理解问题。

4. 存在一些不好的思维品质,影响学生创新思维能力的培养。

(二)个性因素

个性也是影响体育教学思维创新的一个非常重要的因素,这主要体现在以下几个方面。

1. 如果体育教师和学生缺乏必要的创新需要和动机就会影响体育教学思维的创新。

2. 在创新兴趣比较匮乏的条件下,体育教学思维的创新也难以实现。

3. 如果缺乏一定的创新意志也难以实现体育教学思维的创新。

(三)师生因素

师生因素也是影响体育教学思维创新与发展的一个重要因素,这一因素主要体现在以下两个方面。

1. 教师综合素质较低,不能为学生提供有益的帮助,影响学生创新思维能力的培养与提高。

2. 缺乏良好的社会意识导致学生创新思维培养的不力。

二、体育教学思维创新的对策

(一)激发学生的学习动机和好奇心

为提升体育教学的质量和效果,体育教师必须要引导学生激发自己的学习兴趣和动机,在这样的情况下,学生才能产生主动学习的动力,从而引发创新思维。在具体的教学过程中,教师要为学生做好良好的榜样,善于启发和引导学生的发散性思维,产生新的思维火花,不断提升学生的思维创新能力。

为进一步提升学生学习的动力,为创新思维的建立奠定良好的基础,体育教师在教学中要注意以下两方面的要求。

一方面,在平时的教学过程中,要综合教学中的各个要素设计合理的教学方案,这些教学方案要能有效引导学生进行积极的思考。

另一方面,在具体的教学过程中,要针对每一名学生的具体实际,合理设计与安排合适的体育教学内容,满足所有学生的学习需求,提高学生学习的主动性和积极性。

(二)给予适度的心理自由和心理安全

对于生活在校园中的学生而言,除了加强其身体素质的发展外,给予其一定的心理自由是非常重要的。学生只有拥有了心理自由才会感到心理安全,才能保证心理健康,避免出现各种心理问题。

只有具备了心理自由与心理安全,学生才能在平时的生活与学习中自由地表达自己的思想,塑造与发展自我。

为帮助学生实现心理自由与心理安全的目标,可以采取以下手段与措施。

1. 加强师生间的沟通与交流,教师要多鼓励学生,给予学生充分的信任。久而久之,学生就会建立起学习的自信心,以积极主动的热情投入学习之中。

2. 在教学过程中构建一个良好的师生关系,增强师生间的互动与交流,师生共同发展和进步。

3. 教师应采取各种手段与措施激发和保护学生的创新思维,善于引导学生进行积极的思考。

(三)尊重学生的独立人格

要想培养和提高学生的创新意识与能力,没有一个独立的人格是行不通的。创造性的基础就是要强调人格,实现自我价值与个性发展。对于我国学校教育而言,受传统教育思想的影响,我国历来都不怎么重视学生的人格教育,学生的个性发展与独立人格一直受到极大的压制。在这样的情况下,根本不可能培养和提高学生的自主创新能力。因此,尊重学生的独立人格,唤醒学生的自主性,培养学生的独立人格就显得至关重要,这是激发学生创新意识与思维的重要基础。

在具体的体育教学中,尊重与培养学生的独立人格需要从以下方面进行。

1. 在平时的教学中要给予学生一定的自由,学生结合自身的实际情况合理安排学习时间,提高学习的效果。

2. 采用先进的体育教学模式,给予学生充分的自主选择权,自由选择学习内容。

3. 积极引导学生培养自己的创新思维与意识,提高创新能力。

(四)开展探究性学习

探究法,是指在教学中学生掌握各种知识与技能的学习方法。[1]这一方法在当今学校教育中得到了广泛的运用。通过这一方法的运用能有效地提高学生的创新思维意识与能力。

---

[1] 李启迪,邵德伟.体育教学基本理论研究[M].北京:北京师范大学出版社,2014.

在具体的教学中,要注意以下几个方面的要求。

1. 目的要明确

教师在进行教学研究的过程中首先就要明确研究目的,这样才能朝着这一方向努力,否则体育教学的探究工作就显得没有意义,还会导致时间的浪费,更加不利于课程研究目标的实现。

2. 体育教学要与学生的知识水平相符

作为一名合格的体育教师,还要充分了解与掌握每一名学生的实际情况,包括学生的学习基础、学习态度、兴趣与爱好等,充分了解学生的知识结构,这样才能更好地引导学生进行教学的探索。

3. 善于启发与引导学生

在体育教学过程中,存在着大量的疑难问题,这时就需要体育教师积极地引导学生进行发散性思考,采取合理的手段与措施去解决这些疑难问题。在解决问题的过程中,学生的探究与创新能力得到了极大的提升。

(五)利用网络资源培养创新思维

如今社会已进入一个信息化时代,在当今时代背景下,网络资源在社会各个层面都扮演着十分重要的角色,与此同时,学生利用网络资源的能力逐渐提高,通过各种网络信息或资源的利用,学生能很好地培养和提升自己的自主学习和创新能力,这对于学生创新思维能力的培养和提高具有重要的意义。

在具体的体育教学中,体育教师可以安排15分钟的准备活动,让学生自己设计、组织准备活动,准备活动结束后教师考评,并在最终考核中将这部分成绩纳入其中。对于完成作业优秀的学生,教师要给予一定的表扬和奖励,这就更能激发学生参与学习的积极性,有利于思维创新能力的发展和提高。

在具体的教学过程中,学生可以提前和教师做好必要的沟通与交流,以保证教学活动的顺利进行,学生可以向教师提出各种疑问和问题,教师逐步引导学生提升自己的发散思维,这对于培养和提升学生的创新思维能力有重要的帮助。

第三节 创新思维下的几种体育教学理念

现代体育教学要想获得进一步的突破与发展,首先就要建立创新的思维观念,以创新的思维去思考问题,采取创新的手段与方法提升体育教学的质量。

在当今教育背景下,"以人为本""健康第一""终身体育"的教学理念受到教育者的高度重视,这些教学理念都是建立在一定的创新思维之下的,具有一定的先进性,下面就重点研究以上三大教学理念,使其更好地推广与发展。

一、"以人为本"教学理念

(一)"以人为本"的基本内涵

在很早的时期,"以人为本"思想就已出现并获得了一定的发展,但到近现代,这一理念才得以完善,并逐渐成为教育教学领域的一个固定名词。

1. 我国古代"以人为本"思想

我国是一个文明古国,在古代,我国的学校教育曾经处于过领先地位。一些思想家所提出的教学思想与现代"以人为本"教学理念有着相通的思想内涵,只是,当时的各种教育教学思想并没有形成一个系统化的理论体系。

商周时期,我国的先人就提出了"民本"思想,指出人民是国家的基础,这是我国古代教育家和思想家重视"人"的重要体现。

第三章　互联网视域下体育教学创新思维的转变

春秋时期,儒家倡导"仁者爱人""以民为国家之本"等思想,这些思想与"以人为本"的教学理念有着共通之处,只是当初这些思想带有浓厚的政治意味,并没有与教育发生密切的联系。

2. 西方早期"以人为本"思想

在西方,很多国家的思想家注重人本身的发展,这与现代"以人为本"的理念有着共通之处,最早的人本主义思想出现于古希腊时期,正式形成则是在意大利文艺复兴时期。

古希腊时期,出现了"以人为本"的思想雏形,在这一时期,人们非常重视体育活动,认识到体育运动与健康之间的关系,开始关注人本身。

在文艺复兴时期,"以人为本"的思想得到进一步发展。这突出表现在"尊重人、关注人"的思想得到了广泛的推广。神学思想中对人的身体和欲望的压制的思想受到了质疑,人们重新开始关注自我的健康发展。

19世纪初,费尔巴哈首次提出"人本主义",在西方教育中一直影响至今。在"人本主义"思想影响下,西方教学体系发生了重大变革,各种教育活动的开展,教学内容、方式、方法的选用,都将促进人的发展放在了首要考虑的地位。

随着社会的不断发展,我国与西方国家的沟通与交流也日益增多,在这样的背景下,"人本主义"思想开始传入我国,并在社会各个领域产生了极为重要的影响。这是我国"人本主义"思想的发端。

3. 现代"以人为本"思想内涵解析

"人本主义"这一口号最初是由哲学家费尔巴哈于19世纪初提出的,这一口号一经提出就受到了社会家和思想家的高度重视,随着时代的不断发展,这一观念不断丰富和完善。

受人本主义思想的影响,西方教育领域进行了多次的改革,涉及教学目的、教学任务、教学过程、教学设计等多个方面。众多的教育学者及专家对其进行了深刻的讨论,这在一定程度上促进了现代体育教育的发展。

为跟上时代的步伐和世界的潮流,我国也非常重视"以人为本"教学理念的应用,根据这一教学理念,提出了教育应落实到"育人"和"促进人的发展"上面。这在一定程度上对我国的传统体育教育思想构成了冲击,以往那些重视竞技体育成绩、用体能训练和技能训练代替体育教学、体育教学为竞技体育服务的思想观念和做法等都受到了强烈的冲击。

在新的时代背景下,学校体育教育要始终坚持"以人为本"教学理念,注重"人"的发展,教育的主要目的就是促进"人的发展",在教育的过程中也是以人为基础和根本的。"以人为本"的发展观要求在教育过程中将人的自由、幸福、和谐全面发展以及终极价值实现重视起来,要求体育教育突破机器的教育模式,真正转变为人的教育。

教育是人的自我实现、自我理解以及自我确认的过程。而不是用金钱标准衡量现代人的自我价值和自我尊严,这是"以人为本"教育理念的真正价值所在。

在当今社会背景下,"以人为本"的教学理念已深入贯彻到学校教育的各个层面,在体育教学中也得到了很好的贯彻与运用,这不仅是学校教育的要求,也是人类社会可持续发展的基本要求和重要内容。

21世纪的竞争是"人才"之间的竞争,而人才的培养是依靠教育来实现的。在新的历史背景下,各级学校应充分贯彻与落实科学发展观,坚持"以人为本"的教学理念,促进体育教学质量的发展和提高。

(二)"以人为本"的理论基础

伴随着时代的发展,"以人为本"的教学理念在学校教育中越来越受到重视,这一理念是在现代人本主义教育思想的基础上发展起来的。人本主义教育思想的产生,源于在现代科学发展中人对科学产品的使用,以及在智能化时代发展过程中人的价值丧失的思考,属于一种符合时代发展的先进理念。

如今,科学技术已渗透进社会各个领域,对社会各个层面都产生了极为重要的影响。在20世纪50年代的教育改革中,各种教学思想、教学观点层出不穷。其中,认知心理学和行为主义对人性的认识分析产生了一定的困惑,教育工具化,接受教育、获取知识兴趣的快乐体验无法得到重视,教育单纯成为培养和提高人们技能的一个手段,这一认识主要是受当时的时代发展限制。

在科学技术日益发展的影响下,人类社会的各个层面都发生了重大的转变,如生产方式、生活方式、生产模式等都相比以往发生了很大的变化。在新的时代背景下,人们越来越依赖或被科技制约。因此在教育层面,人们也越来越强调"人本主义",旨在将人从"器物"中解放出来。现代人本主义强调,应将人类从依赖科技中解放出来,恢复人在世界中的本体地位,从而获得个性的发展。

"以人为本"的理念非常强调人的主体地位,在学校教育中,对作为学习者、施教者的教学活动参与主体"人"的重视,"以人为本"思想在包括教育在内的各个领域都受到重视。

在学校体育教学中,"以人为本"这一教学理念主要目的在于将教学活动参与者从传统教学中非人性化的状态中解脱出来,恢复人的教学主体地位,强调学生的主体地位。"以人为本"从某一个层面来说也就是"以学生为本",这样对于学生的可持续发展才具有重要的意义和作用。

总体而言,"以人为本"的教学理念主要有以下几个方面的内涵。

1. 学生是体育教学活动的主体,理应受到尊重。

2. 学习的主要目的在于促进"自我实现"。强调教育应促进教师与学生人格的完善,促进人情感的丰富和提高。

3. 在体育教学中,人际关系要得到完善,这是提高学习水平的重要基础。

4. 要进行有"意义的学习",努力提高教学质量和效果。

(三)"以人为本"的教学解析

伴随着现代社会的不断发展,"以人为本"教学理念的内涵越来越丰富,成为诸多专家及学者研究的对象。关于"以人为本"教学理念,具有代表性的观点有以下几种。

1. 学者王景英认为,"以人为本"教学理念的核心是教育要提升人的主体地位,"以人为本",实际上就是"以学生为本",学生在体育教学活动中占据着十分重要的地位。

2. 学者燕国材认为,学校教育中的"以人为本",要求教师应尊重、理解、关心和信任学生,促进每一名学生的个性化发展与综合素质的发展。

3. "以人为本"教学理念,"人"是指学生和教师,教师和学生都是教学活动的重要主体,"以人为本"就主要包括"以学生为本"和"以教师为本"两方面的内容。

4. "以人为本"教学理念是一种以尊重和关怀他人为核心的教学理念,倡导以人为主体,以教育为主体。这一观点主要是从宏观层面考虑的。

综上所述,"以人为本"的教学理念中,广义上而言,"人"是指学生、教师和教育管理者,狭义上则是指学生,教育是"培养人"的一种活动。"以人为本"中的"人"的最大内涵是"学生",体育教育应注重学生身心健康和全面素质的培养,这才是真正意义上的"以人为本"。

(四)"以人为本"的教学观点

"以人为本"这一教学理念充分肯定了人在教育中的作用,将这一理念充分应用于体育教学之中能取得良好的教学效果。"以人为本"的教学观点主要体现在以下几个方面。

第三章　互联网视域下体育教学创新思维的转变

1.教育的目的是促进师生的自我实现

"以人为本"的教学理念认为,学校教育的主要目的在于促进师生的自我实现,这主要表现在以下两个方面。

一方面,在体育教学中,学生的自我实现是要促进其身心发展、智能发展、社会适应性提高等自我发展,让每一个学生都能通过体育教学有所进步,体育具有多元教育价值,通过体育教学能促进学生各种素质的综合发展。

在"以人为本"的基础性理论——人本理论的支持下,体育教育强调了在体育教学中不仅要重视健康知识和运动技能的学习,还要通过科学的体育教学环境创设和教学过程安排来促进学生的心理、情感、智慧、社会性发展,使学生情感和智力有机结合。教育学家罗杰斯认为,体育教育的一个重要教学任务就是在体育教学中促进学生的认知与情感的共同进步与发展,通过体育教学,发掘和发挥每一个学生的学习潜能,培养学生的个性,使学生具备自我判断与创新的能力,这是学生综合素质提高的必然要求。

另一方面,教师的自我实现也是"以人为本"的一个重要目的。在体育教学中,教师的自我实现就是能创造性地完成体育教学任务,扮演好体育教师这一角色,实现自身应有的价值。通过体育教学培养出适合社会发展的合格人才,促进学生的发展与进步。同时,在体育教学中,通过对体育教学的科学设计与各种丰富多彩体育教学活动的开展和教学媒体媒介的应用来提高自己的教学能力、组织能力、社交能力、科研能力等。教师在组织与开展教学活动的过程中,促进自我综合教学能力和体育素养的不断提高,实现自身应用的价值。体育教师这种严于律己的行为方式能对学生产生潜移默化的影响,对于促进学生综合素质的发展具有重要的意义和作用。

2.课程安排应尊重学生的自由发展

受人们传统思想的局限及影响,传统的学校教育比较侧重于社会价值和工具价值,人本位的思想和观念并不受重视。但随着时代的不断发展,人们逐渐认识到传统工具化教育是对其本质属性的违背,逐渐认识到,人是教育的出发点,人本教育将教育的重点落实到人身上,关注人的健康成长。

在人本教育基础上,我国所提出的素质教育也正是关注以学生为本的一种教育,国务院曾指出,素质教育的实施方针是"坚持实现自身价值与服务祖国人民的统一"。学生是教育活动的主体,素质教育背景下的教育应关注学生的个性发展和独立人格发展。在体育教学中,教学也应关注学生群体的个性化发展,要采取各种手段与措施激发学生学习的积极性,促进学生综合素质的发展与提高。

在学校体育教学中,教育的目的不是为了"批量生产人才",而是促进每一名学生的个性化发展,这是"以人为本"教学理念的重要要求。因此,体育教学应在统一要求的基础上做到因材施教,教师必须要尽可能实现多样化的教学课程设计,促使每一名学生都能获得成长与进步,培养出符合现代社会发展,个性化与全面发展的人才。

3. 教学方法选用应重视学生情感体验

"以人为本"这一教学理念强调在体育教学中以学生为中心,促进学生的个性化发展,这些都是从日常学习经验中感悟到的。因此,要实现这一目标,就需要重视体育教学方法的选择,选择合理的教学方法有效激发学生的学习兴趣,从而提升教学质量和水平。

在"以人为本"体育教学理念的指引下,体育教师应全面了解和尊重学生,构建和谐的师生关系,这样才有利于体育教学活动的顺利进行。在体育教学中,学生的学习受到个人态度、个人爱好、获得学分等因素的影响,教师的个人魅力也是其中一个非常重要的因素。此外,师生的和谐关系建立也有助于教学活动中师生能够更好地配合,从而提高体育教学的质量。

（五）"以人为本"教学理念在体育教学中的应用

1. 重新定位体育教育价值

受传统教育思想的影响,人们对于"育人"的认识缺乏深度,存在着一定的误区。很长一段时间以来,人们总是在理解体育科学化的基础上,常常采用生物学的观点来对学校体育的价值做出判断,并且过多地关注学校体育"增强体质"的功能。除此之外,在对体育运动本质的理解上,一些教师存在一定的偏差,以足球运动教学为例,在传统的教学体系下,我国体育教材普遍将体育运动确定为"是以脚支配球为主,两个队在同一场地内进行攻守的体育运动项目",针对此概念,有教师认为,"球"是活动争夺的目标,自然应该处于主体地位,因此也就忽视了"球"要受制于人,"人"才是活动的主体。因此,要想促进教学质量的提高,就必须要转变陈旧的体育教学理念。

随着现代社会的不断发展,社会上的各种思想文化相互碰撞与融合,教育思想出现了极大的改观与发展。"人本理论"和"以人为本"教育理念的提出体现了当代社会对人发展的重视,在体育教学领域,学校教育部门开始强调人性的回归,"育人"成为体育教学的一个重要理念和目标。

"以人为本"的体育教学理念符合当今时代发展的要求,也与体育教学的目标和要求是一脉相承的。在当今社会背景下,人的发展在社会的各个领域受到了重视,即使是在智能时代,很多机器生产代替了人工生产,但是发明机器、操控机器的还是人,人在人类社会发展中起着不可替代的作用。

在人本主义教学理念的指引下,体育教师在平时的教学中要非常重视学生这一要素,各种活动的开展都需要学生的参与与配合,学生与教师之间要加强互动与交流。

需要注意的是,在"以人为本"的教学理念下,教师也应受到关注,体育教师在体育教学活动中也发挥着至关重要的作用。广义上而言,"以人为本"就是指以教师为本,以学生为本。

伴随着现代社会的发展,我国的体育教学思想呈现出多元化的发展趋势,诸多教学思想都围绕"人"的教育展开论述,"人"的发展越来越受到重视。这说明在体育教学中,"以人为本"的教学理念深入人心,得到了很好的贯彻与实施。

2. 体育教学目标的重构

在传统的思想观念下,体育教学的主要目标是增强学生体质、掌握"三基"和德育,体育教学的目标显得过于功利化,过于追求竞技成绩和金牌数量,这对于学生的健康持续发展是非常不利的,也不利于学校体育教学的长远发展。

随着体育教学的不断发展,新的科学化教学理论、教学理念给了体育教育工作者更多的教育启发与指导,体育教学的育人作用被不断丰富和发展,多元化的学校体育价值体系对体育教学目标重构提出了要求。

在新的时代背景下,"以人为本"的教学理念在体育教学中得到了广泛的运用,这是时代的发展和进步。越来越多的学者逐渐认识到传统的技术教育和体质教育不再适合当前的体育教育教学,不能单纯地追求学生的外在技能水平,而应该重视学生的全面、健康、可持续发展。新时期的体育教学的重点转移到"以人为主"上,在体育教学中,教师必须认识到,人是运动的参与者,一切教学活动都要围绕人,也就是学生进行。

3. 学生教学主体观的建立

发展到现在,"以人为本"的教学理念已渗透进学校教育各科教学之中,受到广大教师和学生的重视。我国的体育教学实践活动开展过程中,越来越多的教师开始关注学生,从学生的特点、条件、基础和学习需要出发来选择教学内容、教学方法、教学组织形式与教学模式。体育更多以选修课形式设置,不同教师之间也正是通过个人教学能力和对学生的"因材施教",以及关心关爱学生,深受学生的信任和爱戴,从而提升了体育教学的质量。

4. 体育课程内容的优选

在传统教育思想下,体育教学对学生的健康关注度不够,教学内容主要以竞技体育运动技能的学习为主,忽略了学生全方面的发展。在新的时代背景下,"以人为本"教学理念重视学生的全面、健康、个性化发展,在体育教学内容的选择上,也要更加科学和合理。

在"以人为本"教学理念的指导下,我国的体育教学有了很大的进步与发展,为了进一步促进我国体育教学的改革,教育部门先后修订各级学校体育教学大纲,强调在体育教学中要不断丰富体育教学内容,通过多样化教学内容,促进学生的身心健康与全面发展。体育教学中,教学活动开展也建立在落实"健康第一"的教学理念的基础上进行,通过丰富的体育教学内容来吸引学生参与体育锻炼,通过体育教学促进学生身心健康发展。而非传统体育教学中只关注竞技能力提高,有时为达到"竞技力提高的目的"甚至安排不合理的教学内容,这种教学安排对于学生的健康发展是非常不利的,要杜绝这一现象。

除此之外,"以人为本"的体育教学理念还十分强调体育教学内容要与学生的发展需求相适应,主要包括以下几个方面的要求。

(1)教学内容要保证多样性和趣味性,能满足学生学习需求的同时,激发学生学习的兴趣。

(2)体育教学内容要体现健身性的特点,将那些竞技技术教学内容予以摒弃或改编,从而更好地为学生身体健康服务。

(3)体育教学内容要具有一定的适用性,要有利于学生的身心健康发展,还要能培养学生的体育学习意识,提高学生独立学习的能力。

(4)体育教学内容还要具有创新性,符合现代社会发展的潮流,应具有启发性、创新性,能很好地培养学生的创新意识与能力。

二、"健康第一"教学理念

(一)"健康第一"教学理念的发展

1. "健康第一"教学理念的提出

早在20世纪50年代,我国就提出了"健康第一"的教学思想,这一教学思想的提出具有重要的历史意义。当时,我国内忧外患,有识之士积极探索救国、教育之道,毛泽东提出"健康第一"的思想,指出,各校要注意健康第一、学习第二。

2. "健康第一"教学思想的曲折发展

新中国成立初期,我国国民体质水平不高,体质存在着各种各样的问题,学生的健康问题在这一时期受到广泛的关注。在国际发展大环境中,为与世界各国发展同步,我国大力发展竞技体育,强调"金牌数量",学生健康及学校体育教育受到一定的忽视。

3. 新时期"健康第一"教学思想的应运而生

在新的时代背景下,以往以"体质、技术、技能"为中心的传统体育教学已经无法适应新时代人才培养需要,社会急需崭新的符合时代发展的体育教学理念,在这样的背景下,"健康第一"教学理念应运而生。20世纪90年代,"健康第一"教学指导思想的内容更加明确,"健康第一"教学思想与素质教育的诉求是一致的,强调了教育中对学生健康发展的重视。

随着时代的不断发展,"健康第一"教学理念在我国体育教学中得到了很好的贯彻和落实,这是时代发展以及体育教育的必然要求。

总体来看,我国国民普遍运动不足,不良生活习惯、饮食结构严重损害着人们的身心健康,这引起了人们对健康的思考,关注大众健康、关注青少年儿童健康成为一个社会的热点话题。

第三章 互联网视域下体育教学创新思维的转变

近些年,据调查研究发现,青少年肥胖率、青少年近视率持续升高,青少年体质综合水平不断下降。加强体育教学改革,增强学生体质是目前迫切的需要。

进入 21 世纪后,"健康第一"体育教学理念更加受到重视,其应用范围也不断扩大。不仅仅在教学领域,更上升到"全民健康"的范围,健康成为全社会关注的一个话题,这是大势所趋,是符合学校教育要求的一个教学理念。

(二)"健康第一"教学理念的理论依据

从世界范围来看,"健康第一"教学理念的提出是符合世界教育发展趋势和社会对人才的发展要求的。

1. 世界范围内对人类健康发展的重视

在人类社会的发展历程中,健康始终是一个备受关注的课题。人类健康是推动人类社会发展的一个必要条件。

世界范围内各国开始普遍性地关注社会健康、大众健康是在 20 世纪 50 年代,"二战"以后,各国社会经济逐渐恢复,各方面的发展促进了各个国家和地区对本国家和地区的人们健康的重视,大众健康逐渐走入公众视野。同时,教育领域关注学生健康也成为国际体育教育的发展潮流。

1948 年,公众健康问题在世界范围内广受重视,世界卫生组织提出现代健康新理念,为适应世界发展趋势,我国也开始关注社会大众健康教育、学校体育教育,提出"健康第一"的教育教学指导思想。

随着国际大众健康交流日益增多,各国和地区都非常重视本国和地区的大众健康发展,整个社会对体育的功能、价值等方面形成了全新的认识。在教育领域,重视学生的健康发展,成为各个国家和地区重视本国体育事业和教育事业发展的一个重要举措体育健康教育对增强青少年体质健康水平,以及通过青少年群体影响周围群众健康、实现青少年成为社会体育人口,从而间接增进社会大众健康具有重要而深远的影响。

在全世界都强调素质教育的大背景下,2005年中共中央国务院公布《关于深化教育改革全面推进素质教育的决定》,"健康第一"教学理念成为我国高校体育教育重要指导理念。

2. 社会发展对人才健康发展的客观要求

在现代科学技术广泛应用的背景下,人类的体力劳动变得越来越少了,长时间伏案工作所造成的"运动不足""肌肉饥饿"严重影响了人们的身体健康。基于社会压力所产生的各种心理疾病严重影响了人们的心理健康,社会功利化发展,过多地利益争夺对人们的社会性发展也产生了不良影响。

伴随着时代的发展,疾病死亡原因发生了本质的变化,生活方式发生急剧转变成为疾病死亡高发的重要诱因。健康问题成为一个社会发展问题,人们充分认识到健康的重要性,在教育领域,学生的健康问题也引起了广泛的关注。

进入21世纪后,"全民健身"和"青少年体质健康"问题更大范围地走进我国国民的生活视野,全民健身运动轰轰烈烈地开展起来,这对于人民群众身心健康发展具有重要的意义。

在当今社会背景下,健康问题始终是一个重要的社会问题,现代社会激烈的竞争要求现代人才不仅要有正确的政治思想,具备扎实的科学知识和能力,还必须拥有强健的体魄。"身体健康是其他一切健康的基础","身体是革命的本钱",身体健康是个体生活、学习、工作的基础,如果没有一个健康的身体,则很难在激烈的社会竞争中占据一席之地。因此,促进身体健康与完善成为时代的必然和强烈的个人需要。

(三)"健康第一"教学理念的内涵

"健康第一"教学理念有着十分丰富的内涵,这主要体现在以下几个方面。

第三章　互联网视域下体育教学创新思维的转变

1. 强调身体健康是健康的基础

"健康第一"中的健康不仅仅指的是身体健康,还包括心理健康、社会健康、生殖健康等在内的多维健康,健康的首要基础是身体健康。健康的体魄是人类发展的基本标志,教育应首先关注健康教育。

2. 强调多元健康发展的素质教育

"健康第一"教学理念十分强调体育教育应重视学生的健康发展,指出学校教育教学的首要目标是促进学生的健康成长,这比学生的学习成绩更为重要。

3. 强调健康教育的全面性

(1)"健康第一"已成为当今体育教学一个非常重要的理念,这一理念要求体育教学活动的开展要以学生的健康为基础。重视学生的身心健康发展,不仅要关注学生的身体健康,还要关注学生的心理和社会性健康,以为学生奠定良好的身体基础、心理基础,并能在走出校园走进社会之后拥有良好的社会适应能力。

(2)学生心理健康的教育。现代社会激烈的竞争要求学生必须具备良好的心理素质,这样才能有效解决社会中面临的各种问题。当前,就我国高校大学生群体而言,许多大学生都深受学业、就业、生活中各种问题的困扰,都存在不同程度的心理问题。因此,教育关注学生心理健康非常必要。体育具有促进运动者健康心理形成和发展的重要作用,现代大学生压力大,也容易受不良因素影响,高校体育教育应关注大学生的心理健康,促进学生心理水平的提升与完善。

(3)学生社会性发展的教育。体育是一种独特的教育形式,学校体育教育可促进学生的社会性良好发展,应该在教学中有意识地培养学生的人际关系建立、竞争与合作的能力。

因此,在具体的体育教学活动中,应充分贯彻与实施"健康第一"的教学理念,这样才有利于学生身心全面发展。

（四）"健康第一"教学理念在体育教学中的应用

1. 明确体育教学目的与任务

（1）各项体育教学活动的开展应建立在多维健康观的基础上。

（2）围绕学生健康发展安排体育教学活动，重视学生的身体、心理、智力、社会适应能力等多方面的发展。

（3）通过体育教育教学培养健康全面发展的社会建设者与接班人。

2. 贯彻与落实体育健康教育标准

（1）结合具体的教学实际进一步优化体育教学内容，完善学生的体育知识结构体系。

（2）各个地方的学校要结合自身的具体实际制定一个合理切实可行的学生健康标准。

（3）提倡学生的个性化发展，学生可以依据自己的喜好自由选择各种体育课程，这样学生才有学习的动力，从而保证体育学习的效果。

3. 努力培养学生的健康意识和行为

（1）选用适合学生健康发展的体育教材。

（2）科学安排体育教学与训练，避免和减少学生受伤。

（3）加强对学生的体育课外活动指导。

（4）开展丰富多彩的校园体育健身活动。

（5）加强体育健康相关的营养学、心理学、保健学、环保学、身心健康等方面的知识教育。

4. 学习与掌握健康知识与技能

（1）加强卫生、健康、保健教育。

（2）紧密结合学生的生长发育与生活实际开展体育教育教学。

（3）关注和指导学生对必要的体育健康知识、技能、方法的掌握。

（4）帮助学生养成日常参与体育锻炼的习惯。

三、"终身体育"教学理念

"终身体育"也是一个非常重要的教学理念，在当今的体育教学中得到了很好的贯彻与应用。

（一）"终身体育"教学理念的内涵

"终身体育"教学理念的内涵重点体现在以下两个方面。

一方面，终身教育贯彻人的一生，在人的一生中，学生都要养成终身参加体育锻炼的意识与习惯，这样才能保证良好的身体素质，促进自身的健康发展。

另一方面，终身体育具有一定的科学性特点，学生参加体育锻炼要运用科学的手段与方法，在正确的价值观念下参加体育运动锻炼，实现体育锻炼的目标。

"终身体育"的内涵可以说主要体现在以下几个方面。

（1）在时间上，终身体育要贯穿于人的一生，在任何时候都不能中断。

（2）在内容上，可供人们参加的体育锻炼项目非常之多，能满足人们的各种体育需求。

（3）在人员上，全体人民群众都是终身体育锻炼的主体。

（4）在教育上，终身体育的目的是增强全民体质。

总之，"终身体育"教学思想的确立非常重要，这一教学理念值得提倡与推广。

要想在体育教学中很好地贯彻与落实终身体育这一教学理念，要充分发挥体育教师的作用。调查发现，学生对于体育运动的参与方面，有很多学生受到教师的影响，特别是教师业务水平的影响，因此，体育教师要在学生参与体育教学活动或进行体育锻炼时给予必要的指导。

在具体的体育教学中,教师应关注学生终身体育意识和能力的培养,不能只关注和过于重视技术、技能教学,要促进学生全面发展和提高。

除了基本的体育课堂教学外,体育教师可以组织学生开展各种体育活动、体育游戏,为学生的体育锻炼提供必要的指导。

(二)"终身体育"教学理念的提出

党的十九大报告中指出,要关注民生,关注社会大众的全面健康发展。而终身体育则是促进人们健康的一个重要和有效手段。由此可见,终身体育教学理念符合时代发展的要求,具有一定的先进性。

"全民健康"已经上升为国家战略高度,人们的健康发展受到广泛的关注。而体育作为一种健康的生活方式和手段,能有效促进人们的身心健康,青少年学生作为国家和民族的未来,更应该重视参加体育锻炼,使自己终身受益。

在体育教学中,"终身体育"教学理念得到了很好的贯彻与应用,这是我国新时期体育教学改革的必然要求,也是我国社会主义现代化建设的要求。

总之,"终身体育"是当前我国各级各类学校的重要教学理念,它对于体育教学发展以及社会的发展都具有重要的意义。

(三)"终身体育"教学理念的应用

1.培养学生的终身体育意识和习惯

(1)采取各种手段与措施激发学生参与体育活动的兴趣,养成长期参与体育锻炼的动机。

(2)培养学生基本的体育锻炼和卫生保健常识,并提升学生的体育运动技能。

(3)培养学生体育参与习惯,教师应引导学生将体育锻炼的习惯延伸到校园生活以外。

（4）提高学生的体育文化素养,促进终身体育能力的提高。

2. 丰富体育教学内容

（1）优化与整合体育教学内容,提高学生学习的兴趣。

（2）开展多种形式的体育文化活动,丰富体育教学内容。

（3）讲授体育规则和裁判知识,引导学生关注体育热点。

（4）体育课内外教学相结合,鼓励学生积极参与各种课外体育活动。

3. 重视学生个人和社会体育需求的结合

（1）进一步明确学生需要与社会需要之间的关系和地位。

（2）在学生需要与社会需要之间产生矛盾时,要合理有效地进行处理。

（3）丰富学生知识结构,提高学生运动技能,促进学生的个性化发展。

4. 提高教师综合素质水平

（1）转变教师教学思想,使教师树立终身体育教学思想,并贯彻落实到体育教学实践中去。

（2）提高教师的课程设计能力,科学开展具体体育教学活动,更好地为学生的终身体育学习和锻炼服务。

（3）提高教师的执教能力,构建和谐的师生教学关系,提高学生学习的效率,促进体育教学质量的提高。

第四章 互联网视域下体育教学内容资源的挖掘与开发

教学内容是体育教学的重要组成部分,也是体育教学的重要资源之一。教学内容的丰富与否以及合理程度,都会对体育教学效果产生影响,因此保证体育教学内容的广泛性和合理性至关重要。

目前,传统的体育教学内容已经无法适应体育教学的发展需求了,这就需要对体育教学内容资源进行进一步的挖掘和开发,尤其要与互联网相结合,将先进的、新兴的体育教学内容挖掘出来并加以利用,使体育教学内容更加丰富多彩,为体育教学效果的取得创造有利条件。

第一节 体育教学内容概述

一、体育教学内容的概念

(一)体育教学内容的概念界定

体育教学内容,就是以体育教学目标为依据加以选择,并结合学生发展需要和教学条件进行加工的,在体育教学环境下传授给学生体育知识原理、运动技术和比赛方法等。

(二)体育教学内容与其他相关内容的区别

要想更加深入、细致地了解体育教学内容,就需要对其与其他相关概念的区别加以了解,这里主要针对一般教育内容和竞技运动内容两个方面分析。

1. 体育教学内容与一般教育内容的区别

(1)体育教学内容选择的依据是体育教学目标,其加工的依据是学生发展需要和教学条件。

(2)体育教学内容的教育形式主要为加强大肌肉群的活动状态。

(3)体育教学内容是在体育教学条件下进行传授的。

2. 体育教学内容与竞技运动内容的区别

(1)体育教学内容的主要目的是教育,而竞技运动内容的目的则在于娱乐和竞技等。

(2)体育教学内容的选编、组织和加工都是在教育需要的前提下进行的,而竞技运动内容则不必进行这种加工。

综上所述,体育教学内容属于教育内容的范畴,但在形式上与其他教育内容的差别还是非常大的。体育教学内容来源于娱乐、竞技等内容,在体系上却与竞技运动有着较大的差异性。这形成了体育教学内容的独特知识和在教育内容中的独特位置,使得体育教学内容的选择、加工以及教学过程的复杂程度更高一些。

二、体育教学内容的特性

体育教学内容是教育内容的一个有机部分,因此,它首先具有教育内容的教育性、科学性和系统性等显著特点。除此之外,体育教学内容与教育内容之间还有一定的差异性,从其自身来说,所具有的显著特点还包括运动实践性、娱乐性、健身性、人际交流的开放性和空间的约定性等,关于体育教学内容的特性,可以大致归纳为以下几个方面,这些都会对体育教学内容的选编等产生直接影响,不可忽视。

(一)内在的逻辑关系不强

体育教学内容内在的逻辑关系不强,是其最为显著的特性之一,这就导致我们在对教学内容进行安排时,无法完全按难易程度和学生的准备条件来排列教学内容的顺序,也只能按照运动项目的不同来对体育教学内容进行划分,划分后的教学内容之间又都是平行和并列的关系。就好比篮球和排球、体操和武术,它们看似有某种联系,但又无法清晰地表述出它们之间到底是什么样的联系,更弄不清楚它们之间的先后顺序和地位。

(二)"一项多能"和"多能一项"

"一项多能",就是指通过一个运动项目的锻炼能够达到多个方面的锻炼目的,也可以理解为"一个运动项目的多样性功能"。

而"多项一能",就是指能够达到某一运动功能的运动项目有很多,这些运动项目作为体育教学内容是可以相互替代的。因此,在体育教学过程中,不要拘泥于某一个项目,也可以用其他的项目来加以替代。这个特性使得体育教学内容中没有什么非学不可和无法替代的运动,也就是说体育教学内容没有很强的规定性。

(三)数量极大且庞杂,归类难

体育的产生与人类原始生存技能是有着密切关系的。经过几千年的发展,人类所创造出的体育运动项目已经数不胜数了,这些体育运动项目不仅种类多样,不同运动项目的运动技能对身体素质的要求也各不相同。

有些运动技能之间还会形成相互干扰的情况,甚至有的是矛盾的,如田径的用力和游泳的用力就是完全不同的方式,要求的身体素质也大相径庭。

(四)不同运动项目的运动乐趣是独特的

不同运动项目所具有的运动乐趣都是独特的,比如,在激烈的直接对抗中通过自己的技术和队友之间的配合将球攻入对方的篮(门)中,是篮球和足球的乐趣所在;体操类运动将控制自己的身体达到难以完成的非正常体位作为主要乐趣;野外型运动则将获得征服自然的某种能力和智慧后,获得征服自然后的超越感作为主要乐趣。体育运动的这个特性使我国在体育教学中应将运动乐趣放在较为显著的位置上,不能被忽略。同理,"快乐体育"的理论和实践的存在,能够对体育教学改革产生一定的指导作用。

综上所述,体育教学内容的四个主要特性都是从游戏的性质和体育运动的特性中来的,这些性质对于体育教学内容的研究、对于编制体育课程和教材都至关重要,甚至是编好体育课程和教材的决定性因素。

三、体育教学内容的层次划分

体育教学内容所涉及的范围非常广泛,通常,可以将体育教学内容的层次分为宏观层面和微观层面。具体又可以进行进一步的层次划分,具体如下。

(一)宏观层面

可以对宏观层面上的体育教学内容进行更进一步的划分,即分为上位层次、中位层次、下位层次,具体如下。

1. 国家课程和教学内容(上位层次)

国家课程和教学内容作为上位层次,所体现的是国家意志。因此,具体来说,这是国家教育行政部门规定的统一课程和教学内容,也可以将其理解为是专门为未来公民接受基础教育之后应该达到的共同体育素质而开发的体育课程和教学内容。

在进行国家体育课程和教学内容的开发工作时,要考虑和参照的标准有很多,其中,主要根据不同教育阶段的性质、培养目标制定的体育课程标准或教学大纲,以及编写的教学内容。

国家课程和教学内容,本身是作为一个国家基础教育体育课程框架的主体部分而存在的,其所涵盖的内容和所占的学时比例也是最多的。因此,一个国家基础教育的体育教学质量取决于处于上位层次的国家课程和教学内容。

2. 地方课程和教学内容(中位层次)

地方课程和教学内容是体育教学内容的中位层次。具体来说,是指在国家规定的各个教育阶段的体育课程内,省一级的教育行政部门或授权的教育部门以当地的实际情况和需要所开发出来的体育课程和教学内容。地方课程和教学内容能够将地方体育教育资源充分利用起来,充分发挥出体育基础教育的地域特点,从而使体育课程和教学内容的地方适应性特点得到进一步的挖掘和展现。

3. 学校课程和教学内容(下位层次)

体育教学内容的下位层次主要是指学校课程和教学内容。具体来说,就是以学校教师为主体,在上面两个层次的指导下,通过了解和评估本校学生的特点和需求,将当地社区和学校的体育教育资源充分利用起来,在符合学校的办学思想的前提下,来进行充分的开发和挖掘,从而为学生提供更多的选择。

(二)微观层面

微观层面上的体育教学内容进一步细分,又可以分为四个层次,具体如下。

1. 第一层次：相当于体育课程标准所示的学习内容（领域）

这一层次的体育教学内容，主要是指体育与健康课程标准规定的5个学习领域——运动参与、运动技能、身体健康、心理健康、社会适应。

2. 第二层次：第一层次的具体化形式

这一层次的体育教学内容，可以将其理解为能力目标分析。

3. 第三层次：教学中具体运用的硬件与软件

主要是指平时所说的体育教学所用到的"教具"。也可以将其理解为通常意义上的体育教学内容。

4. 第四层次：具体的练习方法手段

主要是指某项教学内容的下位教学内容。

四、体育教学内容的分类

体育教学内容中涉及多种多样的体育运动项目，为了便于归纳和应用，通常需要按照要求来对体育教学内容进行类型的划分。一般来说，所参照的标准不同，划分的类型就不同。常见的几种体育教学内容的分类方法和标准有以下几种。

（一）按教学目标分类

体育教学内容，以教学目标的不同为参照，其类型是非常多样的，如体育运动技能方面的练习、科学锻炼方法方面的练习、提高安全意识与能力的练习、发展体能的练习、发展学生心理素质的练习、提高学生社会交往能力的练习、提高基本活动能力的练习等。

（二）按体育功能分类

体育教学内容，以体育功能的不同为参照，其类型主要有五个方面，即运动参与、运动技能、身体健康、心理健康以及社会适应。

（三）按人体基本活动能力分类

体育教学内容，以人体基本活动能力为参照，其类型主要有走、跑、跳、攀登、负重等，还可以进一步对各种各样的运动项目和身体练习的方法进行重新分类组合。

（四）按身体素质分类

体育教学内容，以身体素质的不同为参照，其类型有很多种。需要强调的是，作为参照标准的身体素质，可以是力量、速度、柔韧、灵敏、耐力，也可以是与动作技能相关的体能（力量、速度、灵敏、平衡、协调、反应），还可以是与健康相关的体能（身体成分、肌肉力量、心肺耐力、肌肉耐力、柔韧性等）。

需要强调的是，这种分类方法有着很强的针对性和目的性，能使学生的体能得到良好的发展。同样的，这一分类方法也有一定的不足之处，即这种分类方法容易使学生产生一定的误解，导致对体育运动文化的认识不够充分。

（五）按运动项目分类

按照各个运动项目的名称和内容进行具体的系统分类，大致可以分为球类、体操、田径、武术、体育舞蹈、冰雪运动、水上运动等。这种分类方法在体育教学中是最为常见的。

这种分类方法有助于学生对体育运动文化有很好的了解和掌握，这是其优势所在。同时，也有劣势，主要表现为：这种分类方法容易忽略一些运动项目，或与学校的教育理念不符，需要经过一定的改编才能加以运用。

（六）按综合交叉分类

体育教学内容，以综合交叉为参照，实际上就是一种将各个部分的不同教学内容综合交叉在一起进行分类的方法。

通过这种分类方法，能够将体育教学过程中不同学生在不同年龄阶段的身心发展特点和学习方面的基本要求充分体现出来，不仅有助于体育教学目标的实现，还有助于运动项目固有特点和系统性的保持，有效增强学生身体锻炼的实效性。但要注意这种分类方法在衡量时的标准不能统一，这就在某种程度上导致了一定的混乱。

由此可见，能够对体育教学内容进行分类的方法有很多，具体要根据实际中的情况和需求来进行相应的选择和运用。

体育教学内容的分类层次是各不相同的，在不同的层次，要运用的分类方法也会有所差别，但是有一点要强调，即在同一层次上必须采用同一个分类标准进行分类。

五、体育教学内容的结构

（一）三大体育教学内容体系

1. 德国、瑞典体操体系

（1）德国体操体系

关于德国体操体系，通过对其内容进行分析，可以将其大致分为不同的体系，主要有以下两种。

① 杨氏国民体操体系

通过分析得知，杨氏国民体操体系可以分为队列训练、器械体操和竞技运动（图4-1）。

```
              杨氏国民体操系
    ┌──────────────┼──────────────┐
  队列训练         器械体操          竞技运动
（步行、队形练习、 （单杠、双杠、吊杆、 （耐力跑、疾跑、角力、
```

图 4-1

这三个方面的内容所具有的功能也是不同的。

第一,队列训练内容的主要功能在于,有效培养学生的协同作战能力。

第二,器械体操内容的主要功能是,能积极培养学生克服障碍的能力。

第三,竞技运动内容的主要功能是,能有效培养学生坚强的意志品质。

② 施皮斯体操体系

通过分析得知,施皮斯体操体系的内容主要有：秩序运动、徒手体操和器械体操(图 4-2)。

相对于杨氏国民体操体系来说,施皮斯体操体系更加符合学校教育的目标。

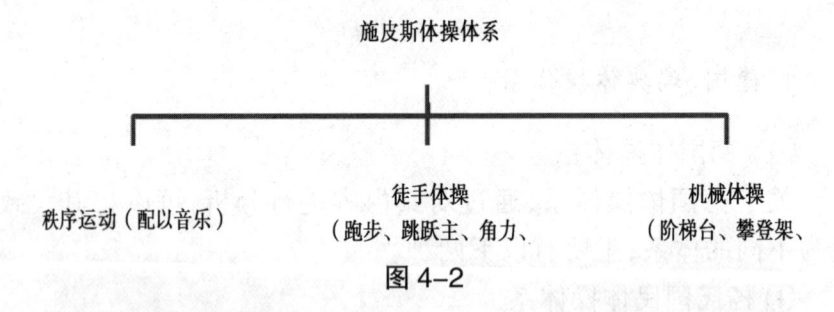

```
              施皮斯体操体系
    ┌──────────────┼──────────────┐
秩序运动（配以音乐）   徒手体操           机械体操
                （跑步、跳跃主、角力、  （阶梯台、攀登架、
```

图 4-2

（2）瑞典体操体系

瑞典体操体系是在德国体操体系的基础上发展而来的,其内容主要有：教育体操、健美体操、医疗体操和兵式体操(表 4-1)。

表 4-1 瑞典体操体系

分类	内容
教育体操	体操凳 体操梯 肋木 吊绳 斜绳 水平绳
健美体操	韵律体操 艺术体操 舞蹈
医疗体操	协同动作 主动动作 被动动作
兵式体操	器械练习 击剑 持枪等

2.英国绅士体育、户外运动体系

英国的这一体育教学体系中,主要包含绅士体育和户外运动两个方面的内容。

（1）绅士体育

绅士体育的内容主要有下列几个方面。

第一,击剑、游泳、舞蹈、骑马等内容,其主要功能在于培养优雅风度与坚强勇敢品质。

第二,网球、板球、射箭、保龄球等内容,其主要功能在于培养智力。

第三,赛跑、赛马、拳击等内容,其具有显著的竞技性特点。

（2）户外运动

户外运动的种类及内容是多种多样的,具体如下。

第一,户外球类运动主要包括足球、网球、高尔夫球、橄榄球、曲棍球等。

第二,户外田径运动主要包括跑、跳、投等。

第三,户外娱乐与游戏运动,主要包括划船、登山、钓鱼、滑冰、游泳、滑雪等,休闲性特点显著。

户外运动内容丰富,能够为参与者提供更多的选择,因此,能使各种年龄段、各种爱好的不同人群对户外运动的不同需求都得到妥善满足。

3. 我国民族传统体育体系

我国的民族传统体育体系中包含的内容也是非常丰富的,主要分为两种类型,即民族传统武术与养生体育、民间游戏、娱乐体育。其中,民族传统体育包含的武术体系的具体内容见表4-2。

表4-2 民族传统武术体系[①]

分类		内容
徒手类	掌类	罗汉推手 太极推手 八卦掌 连环绵掌等
	拳类	太极拳 形意拳 长拳 南拳 洪拳 螳螂拳 通背拳 六合拳等
	腿类	戳脚 弹腿等
	养生类	易筋经 五禽戏 八段锦 导引术等
器械类		短器械 长器械 软器械 双器械 暗器等

① 钟欣.多维发展视野下的体育教学改革与创新[M].北京:中国书籍出版社,2017.

（二）体育教学内容立体结构

上面所剖析的三大体系，共同组合起来所形成的立体结构，就是当前我国体育教学内容。

在体育教学内容的三维立体空间内，这三大体系作为重要的支撑点，各自发挥着自身的作用，缺少其中一个，体育教学内容这一稳固结构就不复存在了（图4-3）。

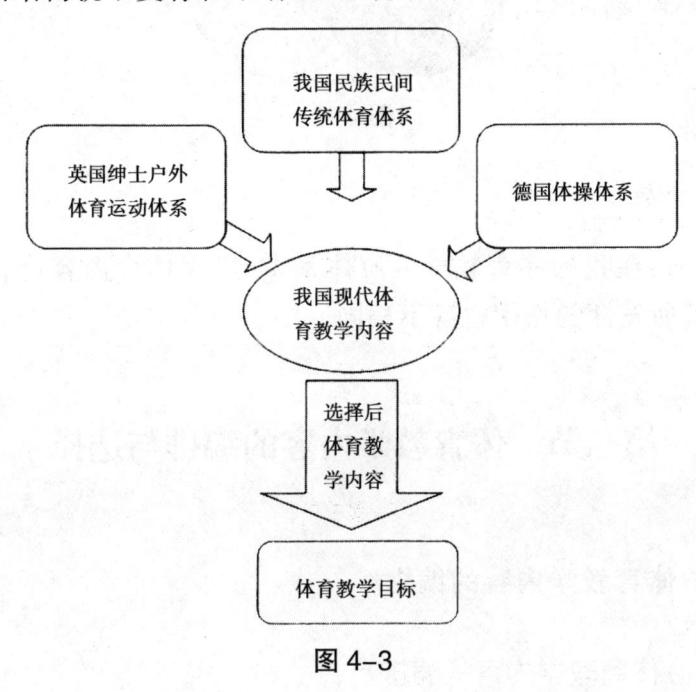

图 4-3

1. 里层

三大体育教学内容体系之间的联系是非常紧密的，它们是互相补充、融合，缺一不可的，相互之间能够达到和谐发展的状态。其功能与价值取向能够将上述这种密切关系充分体现出来（图4-4）。

图 4-4

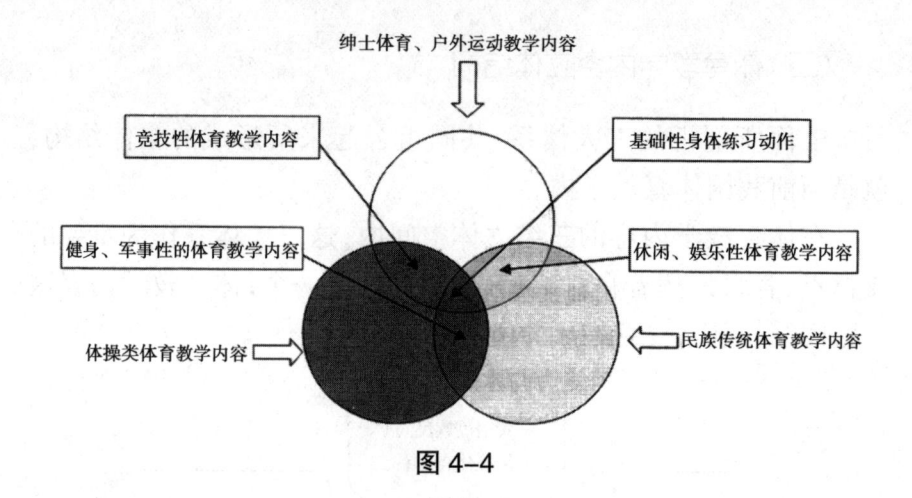

2. 外层

目前,在我国体育教学内容体系中,三大体育内容均有一席之地,其所发挥的作用也各不相同。

第二节 体育教学内容的编排与选择

一、体育教学内容的编排

(一)体育教学内容的编排方式

在编排体育教学内容时,首先,要遵循其循环周期的规律。这里所说的循环周期没有具体的统一规定,可以是课,可以是单元,也可以是学期,还可以是学年,甚至有的循环是在某一个学段当中。

以上述理论为依据,再与不同的内容性质相结合,就可以来对体育教学内容的编排进行层面上的划分。即可以将其分为四个不同的层面,不同层面要采用相对应的编排方式。

1. "精学类"教学内容——充实螺旋式。
2. "粗学类"教学内容——充实直线式。

3. "介绍类"教学内容——单薄直线式。

4. "锻炼类"教学内容——单薄螺旋式。

由此可以看出,体育教学内容主要有螺旋式和直线式两种编排方式,具体又可以进行充实和单薄的划分。

(二)体育教学内容编排的注意事项

在体育教学内容的编排过程中,为了保证编排的效果和科学性,要对其中一些事项加以注意。

1. 重点考虑学生的基础与实际需要

体育教学的主体是学生,因此,体育教学的开展必须要针对学生进行,这就要求在确定体育教学的内容时,一定要将学生的实际情况和需求作为重点考虑的因素,从而使体育教学的内容与学生的实际需求相适应,如此一来,也能有效促进体育教学质量的提高。在进行体育教学时,要求教师在对体育运动和身体练习本身的难易程度进行充分考虑的同时,还要科学安排体育教学内容,这两个方面都是非常重要的,缺一不可。

2. 要重视不同的体育运动和身体练习的特征

在体育教学中,所涉及的运动项目和练习形式是多种多样的。在对体育教学的内容进行编排时,要重点关注的内容主要有:各种运动技能的学习、改进、巩固、提高和运用。教师在安排相关课程时,要考量的目的不仅仅是让学生懂得相应的知识,知识的运用也是不可忽视的重要方面。

二、体育教学内容的选择

对体育教学内容加以选择,实际上就是从庞杂的体育素材中将那些与体育教学相符,且对于达成体育教学目标,满足学生身心发展需要,与学校基本条件相适应的教学内容挑选出来的一个过程。要保证体育教学内容选择的科学性,需要注意以下几点。

(一)体育教学内容的选择原则

1. 统一性原则

这里所说的统一性原则,主要是指与教学目标要统一,具体来说,就是指所选的体育教学内容应是具有能完成体育教学目标功能的,且是健康的、有教育意义的、文明的和有身体锻炼价值的,能为体育学习和身体锻炼作出贡献。除此之外,那些有中国特色的、有地方特色的体育运动项目也是较为理想的选择。

2. 科学性原则

这里所说的科学性原则,主要是指健身性和安全性两个方面,具体来说,就是指所选的体育教学内容应是有利于学生身体锻炼和运动技能提高的,且是安全的。一方面,要对于学生体育锻炼能力的提升和身体健康有着积极的促进作用;另一方面,还能保证体育教学实施的安全性。

3. 可行性原则

可行性原则,就是指要将那些本地区大部分学校的物质条件、教师能力以及学生实际情况作为选择体育教学内容的主要参照标准。因为如果所选择的体育教学内容与本地区和本学校的条件不相符,那么,即便是再好、再科学的体育教学内容,也不是理想的选择。

4. 趣味性原则

就是指所选的体育教学内容要能让广大学生感受到其中的乐趣,才能将其兴趣激发出来。对于学生来说,他们能够参与到体育学习活动中,一定是有浓郁兴趣这一因素的支撑,因此,要在具有目标统一性和有可行性的备选教学内容中挑选那些具有趣味性的

第四章 互联网视域下体育教学内容资源的挖掘与开发

内容,而比较枯燥无味的体育手段则是应该摒弃的。

5. 与社会体育和地区体育特色相结合原则

所选的体育教学内容应是在遵循上述原则的基础上,尽可能体现当地的体育特色,这就是与社会体育和地区体育特色相结合原则。学校体育教育的最终目的是服务于学生的终身体育锻炼,因此在选择体育教学内容时,也要尽可能与社会上流行的体育项目相结合,以便增加学校体育教育的实效性。

(二)体育教学内容选择标准

在选择体育教学内容时,需要考虑的一个重要标准就是体育教学目标。总的来说,所选择的体育教学内容,必须要使其科学性和有效性得到保证。与此同时,还要注意与学生和社会的实际情况相符,与学校整个教育目的保持一致(图4-5)。

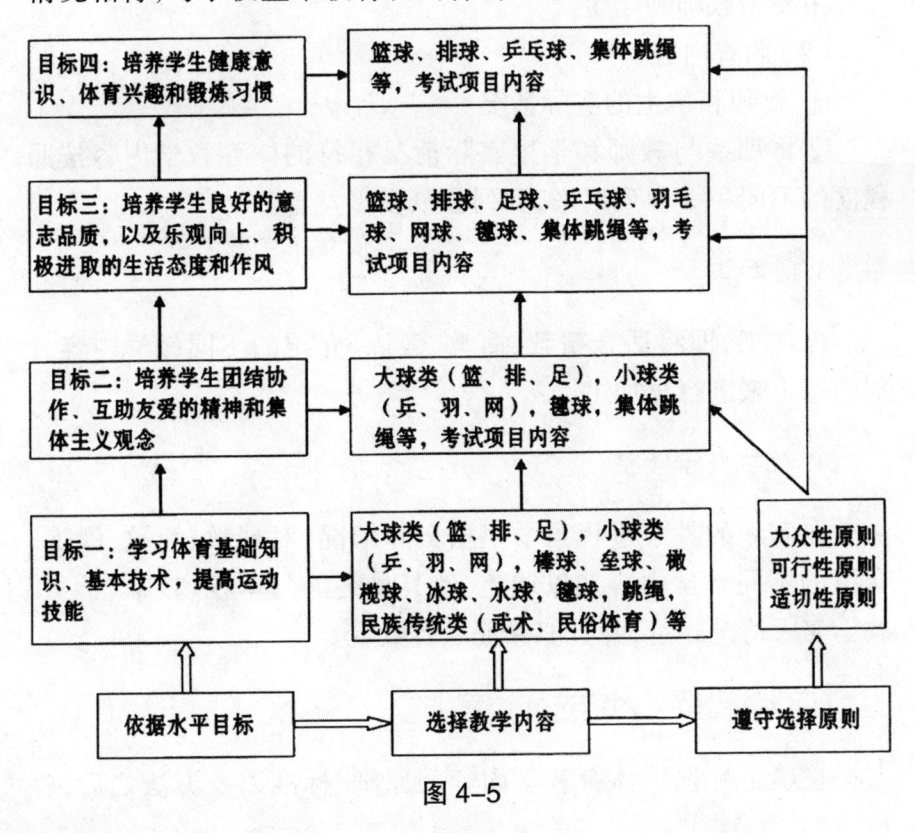

图4-5

(三)体育教学内容选用方法

在选择和运用体育教学内容方面,只按照相关的原则和标准进行选择是不够的,还要采用科学、合理的方法,具体如下。

1. 学习领会

(1)首先要认真学习体育课程标准和教科书的要求与规定,以及4类体育教学内容的划分理论,然后充分领会其中所蕴含的精神。

(2)将所有已经从体育素材中选出的可供选择进入体育教学的内容和意义罗列出来。

2. 调查

(1)调查对象
主要指教师和学生。
(2)调查内容
① 教师和学生的实际情况。
②将那些与教师和学生实际情况相符的体育教学内容按照程度的不同——罗列出来,罗列数量多多益善。

3. 再加工

再加工,即将适合精教、简教、锻炼、介绍的不同教学内容分别筛选出来进行再加工。

4. 教学内容修整

在实际的教学过程当中根据实际情况,对精教、简教、锻炼、介绍的不同教学内容加以调整,使其最终能与本校、教师、学生、教学实际情况相符,并且能保证项目数量。

(四)体育教学内容选择过程

在确定好选择体育教学内容的原则、标准以及方法之后,就

第四章 互联网视域下体育教学内容资源的挖掘与开发

需要按照一定的程度来进行选择了。

1. 将合适的体育教学内容素材选出来

体育运动项目的种类是非常多的,数量更是非常庞大,所有的体育运动在身体锻炼形式、特点以及功能方面都各不相同。因此,在选择体育教学内容时,首先要对这些方面加以了解,然后将各个体育运动项目与身体练习进行整理与合并,作为形成体育教学内容的基本素材。

2. 分析并评估体育素材

认真分析体育素材,对此进行科学评估,在选择体育教学内容时是非常重要的。以评估的结果为依据,来重点关注那些能够有效增进学生健康,培养学生良好思想品质的内容。同时,还要将那些不符合教育要求,不利于学生身心健康发展的体育素材删除。

3. 体育运动项目要选择出来

由于体育运动项目在特点和功能上的差异性,体育运动项目的选择就要参照优选依据进行。体育教学内容的素材基本上都包含了大部分的体育运动项目,但是,能够成为体育教学内容的理想选择的则比较少。一般来说,那些比较典型、实用的体育运动项目和身体练习是理想选择,其他的,只能作为体育教学素材在体育教学过程中被加以运用和改造。

4. 对已选择的体育教学内容加以分析

对已经选择的体育教学内容进行进一步的分析,主要是为了对其可行性加以评估。体育教学内容的选择前,要对场地器材的可能性进行充分地考虑。还要保证所选择的教学内容,能够在不同地区、不同学校进行实施,且能保证在适当的范围内具有一定的弹性。

5. 要充分考虑到体育教学内容的可行性

关于体育教学内容的可行性,主要体现在以下几个方面。

(1)学生方面

对体育教学内容进行选择,首先要对适切性加以考虑(图4-6),具体来说,就是体育教学内容一定要保证与体育课程目标的相适应。

(2)学校方面

在具体进行选择时,学校的教学环境、教学条件,体育教师的专业素养与执教能力等都是会产生影响的重要因素。此外,所选的内容也要与学生的学习能力相适应(图4-7)。

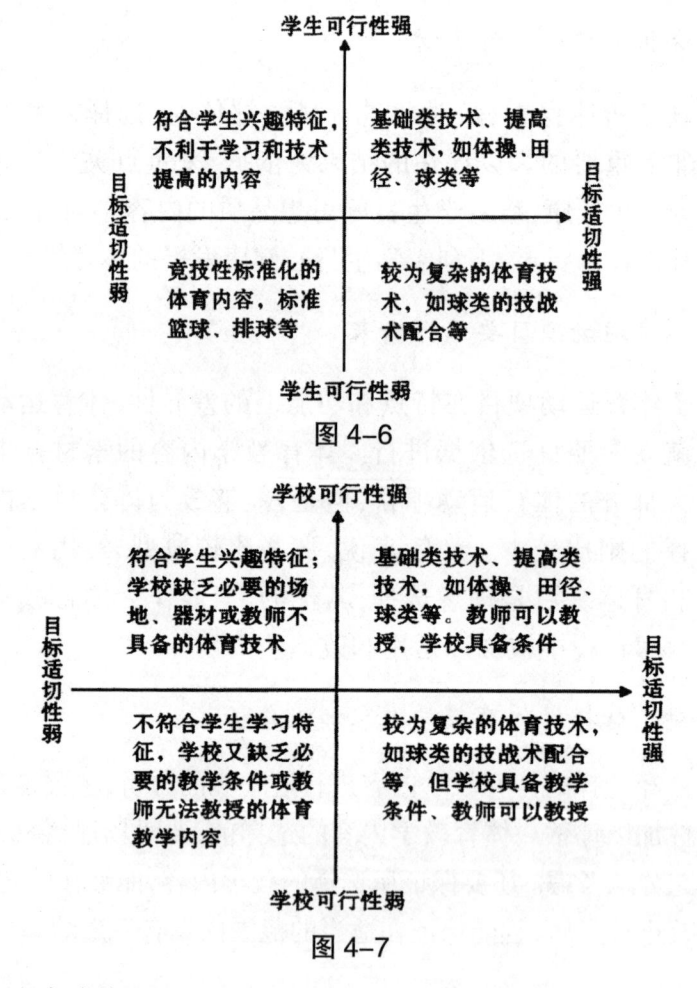

图 4-6

图 4-7

(3)大众方面

体育教学的一个重要目的是对学生终身体育理念的培养,因

第四章 互联网视域下体育教学内容资源的挖掘与开发

此,这也是选择体育教学内容的一个重要依据,并且还要充分意识到体育教学的一个重要目标就是培养学生的终身体育锻炼能力,因此要选择大众流行的体育项目,还要与学生的生活实际贴近(图4-8)。

```
                         大众性强
                            ↑
    符合学生兴趣特征;    │ 基础类技术、提高类
    学校缺乏必要的场    │ 技术,如体操、田径、
目  地、器材或教师不    │ 球类等。教师可以教   目
标  具备的体育技术;    │ 授,学校具备条件。   标
适  地区性开展情况较    │ 具有地区性优势和普   适
切  差或不够普遍        │ 遍性的               切
性                     │                      性
弱 ────────────────────┼──────────────────── 强
    不符合学生学习特    │ 学校具备教学条件、
    征,学校又缺乏必    │ 教师可以教授,但具
    要的教学条件或教    │ 有学习的年龄特征学
    师无法教授的体育    │ 生接触较少的或较为
    教学内容,地区性    │ 复杂的体育教学内容
    开展情况较差或不    │
    够普遍              │
                            ↓
                         大众性弱
```

图 4-8

(五)选用体育教学内容要考虑的因素

在选择体育教学内容时,要对目标性、科学性、可行性、趣味性、社会性等方面进行充分考量。不同的运动项目,在选用体育教学内容时,所要考量的侧重点有所不同。表4-3是选用体育教学内容需要考虑的主要因素和操作步骤。

表4-3 选用体育教学内容的案例

项目	目标性	科学性	可行性	趣味性	社会性	选择结果
拳击	×					不选
前空翻	√	×				不选
保龄球	√	√	×			不选
铅球	√	√	√	×		不选
滑冰	√	√	√	√	×	不选
少林拳	√	√	√	√	√	选择
篮球	√	√	√	√	√	选择

第三节 体育教学内容资源的开发与利用

一、不同体育教学内容资源的开发与利用

体育教学内容资源非常丰富,其中,原有的竞技运动项目,新兴运动项目,民族、民间传统体育项目等是主要的内容。为了能为学生和体育教学提供更多的选择,还需要进行进一步的开发,并对所开发的资源进行充分、合理的利用。具体如下。

(一)竞技运动项目的开发与利用

1. 竞技运动项目改造的主要内容

(1)简化和异化比赛规则

简化,就是对规则进行精简,不必要的规则可以删除掉,便于学生更好地投入其中;异化,则是指对规则的修改与创新。

(2)充分挖掘和开发运动项目内容功能的多元化

不同的运动项目功能不同,对于某一项运动来说,除了已经显现出来的功能之外,还能通过进一步的挖掘,来将其他的功能性充分展露出来。

2. 竞技运动项目的改造方法

(1)通过简化技术结构来使运动的难度有所降低,首先要使增强学生体质、健康水平得到保证。在此基础上,尽可能减少学生的身体和心理负担。

(2)对竞技体育运动项目的场地和器材的规格进行适当调整。同时,适当并合理修改比赛规则,使之与学生的实际需求更加贴合,促进学生积极参与到竞技体育运动中。

(3)在能满足学生运动锻炼的基础上,有效降低运动负荷,

使运动的安全性得到保证。

（4）教材内容也要有所发展和完善。要对传统教材中的竞技运动进行深入剖析，有效调整其特点，挖掘多元化功能，促进教材的进一步优化，使其更加贴近学生学习需求。

（二）新兴运动类项目的开发和利用

目前，传统的体育教学内容的"难、繁、偏、旧"等缺点是普遍存在的，这是不符合现代体育教学的要求以及学生的需求的，获得的教学效果也大打折扣，因此，就需要在有效传承优良传统的基础上，大胆改革，开拓创新，与时俱进，引入一些新兴的运动项目。

这里所说的新兴运动项目，主要是指健美运动、攀岩、现代舞、网球、软式排球、软式足球、沙滩排球、壁球、保龄球、旱冰、滑板、定向运动、远足等，这些项目在国际上的流行性是较为显著的，但是在我国的开展却比较鲜见。将这些新兴运动项目纳入学校体育教学之中，能有效充实和丰富体育教学内容，增大学生的选择范围，对有效激发学生的兴趣和参与积极性是有帮助的。

（三）民族、民间体育类项目资源的开发与利用

这里所说的民族传统体育主要包含射箭、荡秋千、摔跤、射弩、跳山羊及滚铁环、踢毽子、抽陀螺等具有各民族文化色彩的体育活动；民间体育则指的是踏青郊游、舞狮、赛龙舟和登高等在某些地区开展的体育活动。这些都可以成为体育教学内容的重要补充，但是要经过科学的挑选和整理才能实现。在设计和实施民族、民间体育类教学内容时，一定要参照学生的特点进行，否则就失去了引入体育教学内容的意义。

对民族、民间体育类项目资源进行开发和利用，是一项具有开创性的工作，可以从以下几个方面着手进行。

1. 要做好相关体育项目的收集、挖掘、整理等准备工作。
2. 要针对学校的实际情况和学生的特点，对运动项目用到的器械进行适当改造。同时，对活动形式也要进行适当改进，保证

其实施的安全性与可行性。

3.对体育教师进行民族传统体育方面的培训工作,使其在文化、理论和实践技能方面都有较高水平。

4.认真总结工作中出现的问题,通过积极交流,找到妥善解决问题的方法和措施。

二、开发和利用体育教学内容资源的注意事项

（一）要充分体现出相关文件的理念和目标

在对体育教学内容资源进行开发时,要将《国家基础教育课程改革纲要》的理念和目标充分体现出来,使《标准》的要求得到积极落实,更好地促使学生健康发展。

（二）以学生健康发展为准绳

体育教学内容资源的开发和利用,要根据5个学习领域的内容标准,来将那些与学生身心健康有关的学习内容精心选择出来。同时,还要遵循学生发展需要为中心的原则,对学生的创新意识、创新能力和创新精神进行培养和提升。

（三）重视学生个体需求

体育教学内容资源,是要应用于学生的学习和身心发展的,因此,一定要保证所选择的体育教学内容资源,必须与学生的身心特点、发展状况和实际需求相符。这样,才能有效满足学生的发展要求和兴趣爱好。另外重视的点也要准确抓住,一个是重视学生的群体需求,一个是要重视学生的个体需求。

（四）注重实用性和针对性

要开发体育教学内容资源,学生因素是需要重点考虑的因素,这就体现出了针对性这一特点。从更加具体的角度来说,体育教学内容资源的开发和利用,也是为了更好地促进体育教学活

动的开展,最终受益的仍然是学生。因此,学生的兴趣、知识、生活经验、需求、可接受性、情感态度和价值观及培养目标等这些具体的实际情况才是重点考虑因素,这样才能保证所开发出来的体育教学内容资源是实用的。

(五)保证安全性

安全性,是体育教学内容资源的开发过程中,最为关键的一个点,如果不能保证安全性,其他的都是空谈。首先,在体育教学过程中,一定要先进行安全教育,使安全意识能够在教师和学生中建立起来并逐渐提升,这是体育教学内容开发的首要任务。其次,还要进一步增强体育教学课程资源意识,提高人们对体育教学内容资源的认识水平,对体育学科丰富的内容资源进行因地制宜的开发和利用,从而有效保证体育教学内容改革目标的顺利实现。

从某种意义上来说,只有采用现代教育理念来对体育教学内容资源进行开发,才能更好地培养出与现代社会需求相适应的合格学生。

第四节 互联网视域下体育教学内容的改革与发展

一、互联网视域下体育教学内容的改革

(一)体育教学内容改革中存在的问题

从当前的形势来看,我国体育教学内容改革过程中仍然有很多问题存在,以下几点需要加以关注。

1. 内容繁多而杂乱

目前,通过对我国现有体育教学内容的调查和分析发现,其中存在着繁多且杂乱的问题。表面上,貌似是非常重视学生的

全面发展,但实际上,这些教学内容很难在有限的课时内完成,并且也不是所有的教学内容都会传授给学生,只是进行选择性的教学,由此,就会导致学生所学到的知识缺乏全面性和系统性,认识的深入程度也不够,这些对于教学质量的保证都是不利的。

2. 体育理论知识少,且以健康为主题的教学内容较欠缺

体育教学内容涉及的范围非常广泛,通常,可以将其分为两个方面,一个是理论知识,一个是实践活动,这两个方面的内容都是非常重要的。在这方面,也有这样的明确规定,即要同时重视体育教学的理论与实践,并且将两者有机结合起来。

一般来说,学校中的体育理论知识包含的内容有很多,其中,较为主要的有奥运知识、体育道德风尚、体育人文精神、体育文化欣赏等。但是,现实情况却与之有较大的出入,各学校中与学生相适应的理论知识体系至今还没有形成,很多理论知识也还没被纳入体育教学内容中,且与此相关的部分教学内容针对性和实用性不是很强,这就使学生体育文化的学习与认识受到很大程度上的制约。

3. 内容过于陈旧和单一

一直以来,我国学校体育教学都认为体育教学内容体系应该是一个整体,应该是完整的。这就在很长的时间内,一直禁锢着人们的思想,受此影响,一些前沿性和现代性的内容就被忽视了,从而导致当前的很多运动知识和技能存在过于陈旧的问题,没有与时俱进,对于学生兴趣的激发和主观能动性的挖掘不利。

(二)体育教学内容改革的思路

1. 以人为本,满足学生需求

指导思想在体育教学内容改革中至关重要,必须要首先确定下来,在此前提下,才能进一步定位教学目标及各目标的内涵,并保证定位的准确性。另外,学校体育教学的实际情况也是要充分

考虑的重要因素,从主体学生的需要出发,针对性地选择相应的体育教学内容。

当前,学生作为体育教学的主体,在实际需求方面已经逐渐发展了变化,为了与之相适应,体育教学的内容也要随之发生相应的改变。比如,可以针对性地增加健美、舞蹈、韵律体操、轮滑等一些趣味性强的项目,如此一来,不仅能丰富和充实体育教学内容,还能够将学生参与学习的积极性充分调动起来,使学生的需求得到满足。

2. 高度重视隐性体育教学内容

体育教学内容有显性和隐性两个方面,其中,这里所说的隐性体育教学内容主要是指道德修养、体育精神、思想作风等无形的内容。对学生的纪律观念、集体观念、社会道德水平和意志品质进行积极有效的培养,不仅能够从细微处潜移默化地对学生产生影响,还能有效促进学生体育文化素养和体育道德水平的提高,对于学生更好地适应激烈竞争的社会是有所帮助的。

3. 增加健康教育的内容

体育教材在体育教学中是非常重要的存在,是不可或缺的,几乎涵盖了所有的体育教学内容。因此,在教材中一定要丰富和充实体育教学内容,尤其是理论性方面的,像健康教育就是值得纳入的一个重要方面。另外,学生的体育教学时间是有限的,增加了健康教育方面的教学内容,就要适当删减一些内容,比如那些难度大、重复多而单调枯燥、学生不感兴趣的项目则是主要删减目标。总的来说,就是要按照学生身心发展的特点以及知识和能力的水平,对教学内容进行有针对性的安排,从而使教学内容的实用性和趣味性得到有效提高,将学生的学习兴趣有效激发出来。

(三)体育教学内容的改革方向

在对体育教学内容进行改革时,要做好相应的指导工作,而明确的改革方向起到的就是"灯塔"的指引作用,具体分为以下几点。

1. 平常的锻炼要与达标相统一,是最主要的一个发展、改革方向。

2. 要对体育教学内容与学生社会体育活动之间的关系进行进一步分析,并加以妥善解决。

3. 对于体育教学中"教不会""学不懂"等难度方面的问题,要进行针对解决。

4. 对娱乐性和趣味性的欠缺而导致的学生对体育课失去兴趣的问题进行有效处理。

5. 积极有效地处理并解决乡土体育教学内容挽救和开发不足的问题。

6. 积极有效地处理体育教学内容的民族化问题。

(四)体育教学内容的改革措施

针对目前体育教学内容的发展状况以及存在的问题,充分结合其未来的发展趋势,可以从以下几个方面着手来加以改革,从而对体育教学内容的更加完善起到促进作用。

1. 在体育教学内容中纳入健康教育的相关内容

学校体育教学的开展,从根本上来说,就是为了增强学生体质,提升身心健康水平,因此,健康教育是体育教学的重要内容,这是不可或缺的。当前,学校的体育教学内容中,所涉及的主要知识均以体育的相关理论知识和体育运动项目的技能知识等为主,健康教育的相关内容涉及非常少,应适当增加这部分内容,以提升学校、教师以及学生对健康的重视和正确的健康观。

2. 以满足学生需求为目的加以调整

学生本身就是一个不断变化着的主体,其对体育教学的需求也是不断变化着的,因此,为满足学生不断变化着的需求,体育

第四章　互联网视域下体育教学内容资源的挖掘与开发

教学内容也要不断进行相应调整,使其能一直较好地满足学生需求。比如,可以增加健美、舞蹈、轮滑等一些有趣的体育运动项目,将那些竞技性过强,而趣味性较差的项目逐渐替换掉,使体育教学与学生的生活实际更贴近。

3. 要对体育教学过程的监控与评价加以重视

对于体育教学内容,学生的喜爱程度是不同的,导致这一问题的根本原因是教学内容本身,同时,教学方法枯燥呆板、教学环境沉闷消极等也是导致这一问题的主要原因。所以,学校必须严格监控体育教学过程中的诸因素,客观评价各教学要素,使上述问题尽可能得到解决。

4. 体育教学内容在弹性上要有所加强

对以往规定过于死板的体育教学内容加以逐步改变,不断扩大体育教学内容的弹性,促使选择和设计出的体育教学内容能够保证地方和学校体育教师实操时具有更多的灵活性。

5. 做好体育教材的开发工作

学校在充分了解本地区的实际情况的基础上,与之相结合,在体育学科的具体特点以及体育项目等基础上进行校本教材与教学内容的开发,这些在体育课堂教学、体育大课间、课外锻炼等方面也大有用武之地,国家、地方与学校都应该大力提倡有效合理利用各种教学资源。

二、互联网视域下体育教学内容的发展

（一）体育教学内容的发展现状

1. 从当前的形势来看,体育教学内容的数量正在逐渐减少,这也将其精简化特点体现了出来,同时,在难度上是呈现不断增加的趋势,体育运动的技术含量越来越高,这就要求需有专业训

练的高素质体育教师来传授。

2. 体育教学内容中的娱乐因素逐渐减少,与此不同的是,学生在体育课中的实际练习和"炼"的因素则有一定程度的增加。

3. 当前,竞技体育的迅速发展大大抢占了传统体育的发展空间,同时,也降低了传统体育的受重视程度。

4. 体育教学内容所需要的运动器材越发正规。由此可以看出,学校对体育课的安全性的重视程度越来越高。

(二)体育教学内容的发展趋势

1. 要将终身体育目标的要求作为考量的重要方面

学生终身体育观念的建立和形成,学校体育在其中扮演着至关重要的作用。终身体育目标的达成取决于学生参加体育所需的技能、知识和态度。所以教学内容应当更加注重健身性、运动文化传递性与娱乐性,在健身价值和终身运动性强的运动项目中间做出选择。

2. 学生主体价值受重视程度提升

学生在体育教学中是处于重要的主体地位的,因此,选择和应用体育教学内容,要针对学生的特点和需求进行,这一因素是非常重要的。同时,体育教学内容的选择是需要经过一定的程序才能实现的,具有过程性。传统的体育教学大纲中,往往更注重教师的教,而忽视学生学的重要性。随着体育教学改革的进行,越来越多的人开始重视学生对体育教学内容的价值取向,因此,在选择和应用体育教学内容方面提升对学生主体价值的重视程度是一种必然。

3. 对体育运动的规律性特点更加注重

之前,各个体育项目中的逻辑关系是选择体育教学内容的主要依据,但事实是体育教学内容的逻辑性几乎是不存在的,所以

第四章　互联网视域下体育教学内容资源的挖掘与开发

这种方法是不科学、不合理的。因此,在未来选择体育教学内容时,一定要寻找体育学科当中内在的一些规律,并对其加以重视。

4. 对学生发展的全面性提高重视程度

新的教学改革大纲出台之后,学校教育对素质教育的重视程度越来越高,这也在一定程度上使得学校逐渐将学生素质的全面发展作为未来发展的重要方面。这也就决定了在选择与确定体育教学内容时,一定要保证这些教学内容与素质教育的要求相符,使学生在身心的发展方面具有全面性特点。

5. 将民族特色项目逐渐纳入教学内容中

当前,学校体育教学内容中,绝大部分是具有现代意义的运动项目,这些运动项目通常具有显著的趣味性和新奇性特点,但是,具有民族特色的传统体育运动是我国体育运动的重要内容之一,也是我国特有的体育项目,有着显著的民族性、文化性等特点,对于激发学生爱国精神是非常有帮助的。这就要求要将更多适宜的民族特色项目纳入体育教学内容中,进一步充实和丰富体育教学内容。

第五章 互联网视域下体育教学手段与方法的设计

如今,各种高科技手段在社会各个领域都得到了广泛的利用,现代科学技术扮演着越来越重要的角色。发展至今,社会已进入一个信息化社会,各种互联网信息技术为人们的生产与生活带来了诸多的便利和实惠。因此,在当今的互联网发展背景下,为进一步促进学校体育教育的发展,提高体育教学质量,可以充分利用各种创新的信息化教学手段或方法进行教学,以实现预期的体育教学目标。

第一节 体育教学手段与方法概述

一、体育教学手段

(一)体育教学手段的概念

关于体育教学手段的概念,不同的学者有着不同的见解。一般来说,体育教学手段的概念可以概括为体育教学活动中为实现体育教学目标而使用的实体工具,如教室、黑板、教具、媒体等。

与其他学科不同,体育教学中使用的工具具有特殊的含义。这主要是因为体育教学具有不同于其他学科教学的特点,即师生需要大量的身体练习活动。因此,在体育教学中使用的实体工具既指物质方面的工具,也指人体或人体某些部分。学生首先要理

第五章 互联网视域下体育教学手段与方法的设计

解这一点,才能更好地运用各种体育教学手段去提高自己的运动技能。

（二）体育教学手段的分类

依据不同的划分标准,可将体育教学手段进行不同的分类。基于"二分法"原理可将体育教学手段划分为两种类型,即人体内部感官视角手段与人体外部视角手段,每种类型又有各自详细的分类及具体的内容,如图 5-1 所示。

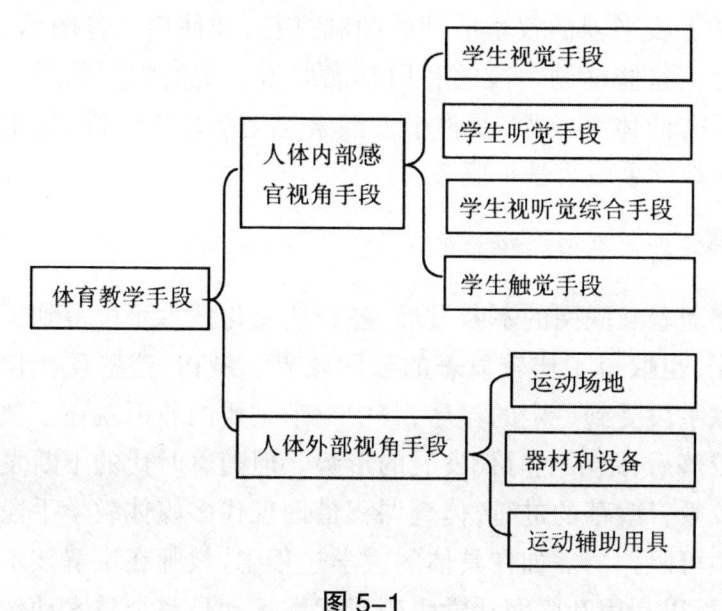

```
体育教学手段 ─┬─ 人体内部感官视角手段 ─┬─ 学生视觉手段
              │                        ├─ 学生听觉手段
              │                        ├─ 学生视听觉综合手段
              │                        └─ 学生触觉手段
              └─ 人体外部视角手段 ─────┬─ 运动场地
                                       ├─ 器材和设备
                                       └─ 运动辅助用具
```

图 5-1

在人体内部感官视角手段中,主要包括视觉、听觉和触觉三个方面的内容,在具体的体育教学中要综合利用这三种手段,从而得出客观准确的结论,更好地服务于体育教学活动。

而在人体外部视角手段中,主要指的是保证体育教学活动顺利开展的那些基础设施与装备,如足球场、足球等。这些基础设施对于体育教学活动的顺利开展同样具有重要的意义和作用。

（三）体育教学手段的作用

随着现代社会的不断发展,各种体育教学手段得到了广泛的利用,大大提高了体育教学的质量和效果,因此体育教学手段具有重要的作用,具体体现在以下几个方面。

1. 辅助体育教学活动的顺利开展

对于体育教学而言,运用良好的教学手段具有非常直观的功效,通过各种体育教学手段的运用,能很好地辅助体育教师组织与开展教学活动。在具体的体育教学活动中,体育教师的动作示范非常重要,但仅仅采用这一教学手段是不行的,还需要借助其他教学手段来辅助教学活动的顺利进行,如使用动作图示、人体模型等。这些辅助手段的利用都能取得一定的教学效果。作为一名优秀的体育教师,要善于去探索与创新教学手段,运用这些创新的教学手段为学生服务。

2. 促进体育教学观念的更新

伴随着互联网的不断发展,各种信息化技术手段得到了广泛的利用,也取得了比较显著的教学效果。最初,这些现代化的网络技术手段受到一定的排斥,其中一个重要的原因就在于教学观念比较落后,跟不上时代发展的形势。但随着时代的不断发展以及学校教育改革的进行,体育课程借助现代多媒体教学手段的趋势是不可阻挡的。如在具体的教学过程中,教师在讲解技术动作之余,可以利用互联网让学生观看优秀运动员整个技术动作的过程,增加学生的直观感受,充分激发学生学习的积极性。

3. 扩展信息反馈的作用

通过以上分析我们可知,体育教学手段具有一定直观功效的特点,通过各种教学手段的运用,体育教师能够获得来自学生身体的直接反馈,如视觉反馈、肌肉反馈、身体空间感觉反馈等,这样能够有效拓展学生学习中信息反馈的渠道与路径,从而提升教学效果。

第五章　互联网视域下体育教学手段与方法的设计

（四）体育教学手段的发展

1. 转变思想，掌握现代化教学技能

与国外的体育教育相比，目前我国体育教师的教学思想和观念仍然处于一个相对落后的局面，尤其是缺乏现代化的教学观念，因此也未能积极主动地去掌握丰富实用的现代化教学技能。另外，学校体育教学设施条件较差、体育教师本身现代化教学意识薄弱、长期在室外开展的体育课对现代化教学手段的运用较少等都是导致体育教师现代化教学技能水平较差的主要原因。体育教师缺乏现代化教学技能，又直接制约了体育教学的现代化发展。为了改变这一现状，体育教师应主动转变思想，树立现代化教育理念，积极学习一些操作性强且对提高课堂教学质量有帮助的现代化教学技能，在体育课堂上善于运用先进的教学手段去组织教学，以取得理想的教学效果，这对于提高学生的综合素质是非常有利的。

需要注意的是，现代化教学手段也存在一定的局限性。体育教师在平时的教学中，要尽可能地发挥它们的可取之处，取长补短、综合利用。而现代化教学手段能否真正为实现教学目标、提高教学效果而服务，在一定程度上是由体育教师对现代化教学手段的运用能力强弱所决定的。因此，要推动体育教学的现代化发展，首先要培养体育教师的现代化教学素养，使其具备熟练运用各种现代化教学手段的能力。关键是体育教师自身要从思想上对现代化教学手段的重要性有高度认识，进而将这种意识转化为积极的行动，主动参加培训，寻找一些适合自己的渠道与途径来提升自己的现代化教学能力，这样才能有效提升教学效果和质量。

2. 合理的优化与运用体育教具

在当今科学技术的大力支持下，我国教育事业获得了健康快速的发展，具体表现为教学内容范围越来越广，教学手段越来丰富,教学效率越来越高,教学成果越来越显著,等等。现代技术在教育领域中运用最直接的表现是课堂教学中运用大量的现代教学工具,其优势在于学生有了更多自主的学习时间和更宽松的学习空间,理论学习不再单调,具有了生动性,学生被以多媒体形式呈现的教学内容深深吸引,学习兴趣被激发出来,学习的积极性也获得了一定的提高。

随着科学技术的快速发展,现代教具的利用率越来越高,它为体育教学活动提供了一定的便利,如对体育教师来说要生动立体地讲解一些运动项目的规则、动作技巧是有难度的,教师找不到能够使学生易于接受和一目了然的方式来呈现这些内容,而以视频、图片等现代化的形式授课,就可以轻松解决这个问题,从而取得理想的教学效果。

3. 积累与分享资源,发挥网络教学资源的价值

随着体育教学改革的不断深入,原来的体育教学资源已经不能满足体育教师的需求,体育教师在这方面有了更大的需求,为了满足教师不断增长的需求,必须及时搭建一个平台来为体育教师的学习与教研提供便利。

在当今学校教育中,只有少数的教学资源适合直接用于体育课堂教学中,也没有系统专业的教学资源库可供体育教师去参考。为了解决这一问题,需积极搭建网络平台,加强对现代化体育教学资源库的建设。建设这类资源库,体育教师也应参与其中,如养成积累素材的好习惯,定期对好的教学素材进行分类整理,以充实与丰富资源库,实现资源共享。长此以往,体育教学资源库系统会越来越庞大,从而为体育教师教学和学生的学习提供很大的便利。

二、体育教学方法

(一)体育教学方法的概念

关于体育教学方法的概念,不同的专家与学者有着不同的见

第五章 互联网视域下体育教学手段与方法的设计

解。总体而言,体育教学方法的概念可以归纳为,在体育教学活动中师生为实现教学目标、完成教学任务而采用的所有手段和方式的总和。

(二)体育教学方法的分类

1. 按照外部形态分类

依据体育教学方法外部形态的不同,可以将体育教学方法分为表5-1中的几种类型,一般在高校体育教材中常采用这种分类方法。

表5-1 体育教学方法的分类

教学方法分类	具体方法
以语言传递信息为主的体育教学方法	讲解法、问答法、讨论法等
以直接感知为主的体育教学方法	示范法、演示法、保护与帮助法等
以身体练习为主的体育教学方法	完整练习法、分解练习法、循环练习法等
以探究性活动为主的体育教学方法	发现法、问题探究法、小群体学习法等
以比赛活动为主的体育教学方法	情景法、比赛法、游戏法等

2. 按照体育学科的特性分类

按照体育学科的特性分类,体育教学方法可被分为"教法"和"学练法"两种类型,学练法包括学法和练法,之所以要在学习方法的基础上加一个练习方法,主要是因为体育教学这项具有极强操作性的实践活动是以学习者的身体练习为主体的。

设计与采用教学方法进行教学的主要目的在于实现预期的教学目标,而教学目标就是体育教学效果实现的一个重要依据。"知识与技能"是体育教学目标的主线,基于这一主线而延伸出很多具体的教学目标,一般可以在体育技能学习中穿插一些体育知识,从而一起实现技能目标与知识目标。学生掌握运动技能需要经历一个循序渐进的过程,由不会到会,由陌生到熟练,因此在教法的具体分类中也会将运动技能的形成过程作为一个重要的划分依据。

根据体育教学的指导思想,可以将体育教学方法划分为以下两种类型。

(1)原理性体育教学方法

这类体育教学方法主要是综合性教法,如问题学习法、程序教学法等,具有原理指导性是这类教学方法最突出的特点。

原理性体育教学方法是在新的教学思想的指导下形成的,也是以新的教学理念为指导而解决体育教学实践问题的,是教学思想与教学观念在体育教学实践中直接转化的结果。

(2)操作性体育教学方法

操作性体育教学方法是指在体育课堂上运用的具体教法,如口头讲解法、教具演示法、各种练习法等。操作性教学方法可以在大部分体育课上使用,通常都能取得不错的效果。

操作性体育教学方法可以说是最具基础性的教学方法,几乎适用于任何体育教学内容,教师在体育课堂教学中选用这些具体的操作性教学方法时,要充分考虑体育课堂教学情境,采用的教学方法要与教学情境相契合。

大量的实践充分表明,在体育教学过程中使用最多的教学方法无非就是操作性教学方法,因此在有关体育教学方法类型划分的研究中,专门在这类教学方法的基础上进行分类的研究占据着很大的比例。

根据指导思想对体育教学方法进行分类的优势在于,有助于体育教师对体育教学方法的功能与意义形成整体的认识,并从宏观上去把握。体育教师认识各类体育教学方法的功能后,就要根据课堂教学需要来加以选用,为了提高教学方法在课堂上的运用效果,需要进一步细分教学方法,如以教学目标为依据,将上述第一类教学方法具体划分为知识型和能力型教法。不论是哪种教学方法的利用,其目的都是为了更好地实现既定的教学目标,取得理想的教学效果。

(三)体育教学方法的特点

随着学校体育教育的不断发展,体育教学方法体系也越来越丰富和完善,这对于体育教学质量的提高具有重要的意义。总的来说,体育教学方法的特点主要体现在以下几个方面。

1. 以身体练习为主要手段

与其他学科不同,体育教学主要以学生的身体练习为主要手段,这也是体育教学方法的一个重要特点。身体练习可以说是体育教学所特有的教学手段与形式,与其他学科教学有着很大的不同。体育教学过程可以说是一种运动性认知过程,学习者通过各种各样的身体练习能学习与掌握基本的体育知识,习得运动技能与方法,同时还能培养自己正确的价值观和良好的学习态度,这是其他教学方法所不具备或欠缺的。

2. 多种感觉器官同时参加工作

在具体的体育教学中,师生间的沟通与交流需要通过各种视觉系统、听觉系统等接受信息,然后在中枢神经系统的指挥下,运用动觉、位觉、触觉等来感知自己身体的动作,如感知用力大小、用力幅度等,这样才能更好地控制动作,从而做出正确的技术动作。由此可见,体育教学方法需要人的多种感官来参与,这是体育教学方法的一大特点。

3. 练习效果的综合性

体育教学不仅仅是一种肢体活动,学生在参加体育活动的过程中同时包含着丰富的思维、情感和意志等活动,是学生综合能力与具体行为的深刻体现。学生在利用各种教学方法进行学习的过程中,不仅会表现出寻求技能学习和提高的行为,同时还会在学习的过程中交流情感,还能有效提升自己的心理品质和审美能力等。由此可见,这也就使得体育教学方法相应地具有学习效果综合性的特点。

4. 具有一定运动负荷要求

发展到现在,体育教学的内容越来越丰富,相应的体育教学方法也越来越多样化。在具体的教学内容中,可以说所有的运动项目都有一定的运动负荷要求,只有对学生机体施加必要的运动负荷,学生的体质水平和运动水平才能得到提高。在具体的教学活动中,学生充分利用运动、神经、呼吸、心血管等系统参与技术动作的学习,在这一过程中,生理负荷和心理负荷是必不可少的。在具体的教学过程中,体育教师会施加给学生机体必要的运动刺激,运动刺激的大小会直接影响学生学习效果的好坏,如果刺激得当,学生的运动水平及综合素质就能获得有效的发展和提高。

(四)体育教学方法的优化

体育教学方法的优化需要遵循以下几个基本原则,这样才能取得理想的优化效果。

1. 简便性原则

体育教学方法的优化,首先就是要保证简便易行,这是应贯彻的一个重要原则。这一原则要求体育教师对体育教学方法的实施步骤与程序进行简化,将不必要的操作舍弃,但不能破坏结构上的紧密性、协调性与连贯性,也不能对体育教学方法功能的发挥造成干扰,更不能影响教学效果。经过处理后的体育教学方法应更加精简、有效,这样才有利于实现体育教学目标。因此说,简便是体育教学方法优化的一个重要原则。

但需要注意的是,简便并不是评价体育教学方法唯一的原则或标准,这样容易造成评价的片面性,最终不利于发挥教学方法的作用,会制约教学目标的实现。所以,在对体育教学方法进行优化的过程中,不能孤立地考虑简便性原则,还要考虑其他方面的原则,这些原则都各有优劣,需要综合起来加以利用。

2. 系统性原则

对体育教学方法进行优化,要严格贯彻系统性原则。体育教学方法存在与发展的客观规律能够从这一原则中反映出来,而且体育教学方法存在的主要形式与普遍性特点也能由这一原则揭示。

在现代体育教学中,贯彻系统性原则需要注意以下几个方面的要求。

(1)体育教学方法本身的存在形式具有系统性

第一,体育教学方法的构成要素之间是有机联系的,它们相互融合成为一个整体,该整体所具有的系统质(整体质或整体涌现性)是其各组成要素所不具备的。

第二,体育教学方法是一个整体的有机系统,组成该系统的各个子系统具有层次性,它们有序联系,密不可分,且各自发挥着独一无二的功能,任何一个子系统都不能被其他子系统替代。

第三,体育教学方法这个大系统中各要素各自发挥自身作用,而且也相互作用,主要是为了实现一个共同的目标,这个目标就是整体目标或系统目标,期望最终的整体结果是理想的。

第四,体育教学方法系统内部各要素相互联系、相互促进,存在着极为密切的关系,因此要学会综合利用。

(2)体育教学方法与环境的互动是开放的

体育教学系统是开放的,因此体育教学方法也具有相应的开放性特点。体育教学方法的生存与发展离不开与环境的开放式互动。体育教学方法本身的开放程度越大,同环境的关系越紧密,那么对其自身的生存发展就越有利。

综上所述,在优化与升级体育教学方法时,必须要严格贯彻系统性原则,从整体上把握体育教学方法的优化,深入探讨体育教学方法与其他要素之间的关系,如此才能对体育教学方法这一复杂教育现象的本质及其在体育教学中的重要性有深刻的认识,这样才有利于体育教学目标的实现。

3. 动态性原则

随着学校教育的不断发展，体育教学方法也日益丰富，在一定历史时期内，体育教学方法具有一定的稳定性，但在体育教学过程中具体运用这些教学方法时，很多因素又会对方法的实施及最终效果造成影响。体育教学方法与手段也随着体育教学思想、体育教学内容的变化而不断变化，其在一定程度上对体育教学思想、内容具有依附性，因此优化体育教学方法还要充分遵循动态性的基本原则，这样才能跟上学校体育教学发展的形势。

体育教学方法的优化需要遵循循序渐进的基本原则，优化后的教学方法要先被接受，然后运用到实践中，经过实践检验后被校正、修改，从而一步步趋于完善，这是一个长期的过程。体育教学方法优化后运用到教学活动中，最终效果会受到教学对象、教师自身素质、教学设施等多方面因素的影响。

体育教学方法本身具有一定的继承性、发展性特征，因此我们不能机械化地对待每一种方法，也不能完全将某种教学方法限定在某个领域使用，这种僵化的思想会导致体育教学方法的功能作用得不到发挥。坚持动态性原则，要求在体育教学方法的优化过程中善于选择、勇于创新，从而构建一个健全和完善的体育教学方法体系。

4. 综合复用原则

体育教学方法属于一个大的系统，系统内涵盖多方面的要素。这些要素都有自己独特的功能，且这些功能存在一定的互补关系。不仅如此，不同体育教学方法虽然也存在功能上的区别，但也具有互补关系。正因如此，在优化体育教学方法时必须贯彻综合复用原则。也就是说，为了达到预期的体育教学目标，必须从系统角度出发优化组合不同的教学方法或同一教学方法中的若干因素，使体育教学方法的综合功能得到充分发挥。综合复用原则对我们在体育教学中如何运用体育教学方法以及采取何种

第五章　互联网视域下体育教学手段与方法的设计

方式让所选教学方法的作用得到充分发挥具有积极的指导意义，同时这一优化原则也反映了体育教学方法实践运用的辩证性。因此，在具体的体育教学中，一定要把握综合复用的教学方法原则。

　　一般来说，不同的体育教学方法都有自身的方法域，正因如此，不同的教学方法才在功能上有所区别。方法域指的是制约和限定方法有效性、方法适用领域和范围的相对界限，它是标示方法适用领域和适用范围大小、宽窄的概念，是对方法适用领域和适用范围的总体规定，也是测定方法适用性大小的尺度。任何一种方法本身都是存在局限性的，方法域这一普遍现象正好说明了这一点。方法的局限性对方法本身的发展在一定程度上也是有促进意义的，体育教学方法的变革与发展与其自身的局限性有一定的关系，正因为有局限、不完善，所以才要变革，才会在变革中不断进步与发展。

　　体育教学方法的发展是有规律的，即原来的方法因为本身存在局限与不足之处，无法适应新的要求、满足新的需要，更好地实现体育教学目标，因此不得不对原来的教学方法进行改革，或创造新的教学方法，以适应体育教学发展的需要。体育教学是复杂的教学活动，在教学过程中涉及丰富多样的教学内容，要完成多方面的教学任务，实现多个领域的教学目标，为了适应这一要求，在教学过程中必须采用多元配套的体育教学方法。在具体的教学实践中，因为体育教师没有充分认识到体育教学的复杂性，所以习惯性地将某种教学方法或模式一用到底，导致教学结果不理想。在体育教学中只采用单一的体育教学方法，难以实现良好的教学效果，因此要学会综合利用。

　　关于教学方法的融合，目前已成为一个重要的研究课题。有些专家及学者指出，每种教学方法都是独特的，都有自己的优势，但也有自己的不足之处，不同教学方法之间具有互补性，可以取长补短，利用这种互补性能够提高教学效果。综合复用原则与这一理念相符，贯彻该原则，要求体育教师熟悉不同教学方法各自的优劣势，然后进行可行性的优化与组合，这样才有利于体育教学质量的提高。

(五)体育教学方法的创新

1. 重视教学方法观念的创新

体育教学活动的开展首先就需要明确教学的中心,这样才便于开展教学活动。在体育教学中,学生就是教学的中心,教师必须从这个中心着手来开展一切教学活动,安排各个教学环节,体育教学方法的设计、选择与实施同样要以体育学科的特点及学生的特征、需求为依据而进行,要对最佳教学方法加以选择,就要确定两个基本出发点,分别是学科本体和学习者学习规律。

在具体的体育教学中,体育教师首先要明确要教的内容和通过实施这些内容要达到的目的,然后根据内容的特点、学生的特点以及要达到的目标来对教学过程进行安排,合理设计每个教学环节,在各环节将相对应的恰当教学方法予以实施,保证各个环节教学工作都能有序开展,且能取得好的效果。在整个教学过程中教师会创设一些教学情境,不同的教学法适用于不同的情境,教师要明确哪些是主要教学法,哪些是辅助性的教学法,将主要教法和辅助教法结合起来,灵活运用,以帮助学生在不同的情境中从容应对和解决问题。

在运用各种教学方法进行教学时,还要充分考虑各种科技因素,落实现代化教学方法,只有不断创新,不断为教学方法添加新鲜因素,才能提升学生的学习积极性,培养学生的创新能力,这是现代化体育教学改革的要求。在这样的教学条件下才能取得理想的教学效果。

2. 合理编排体育教学方法

体育教学方法的概念可以从宏观与微观两个层面来看,从宏观意义上来看,各种教学方式手段、教学组织形式以及教学艺术都属于教学方法的范畴。在体育教学中,教师应该采取什么样的形式来组织教学,应该选用哪些具体的方式手段来教学,应该突出怎样的教学艺术等,都是需要教师考虑的主要问题,解决这些问题,需要教师深度分析教学内容、学生的特点,同时还要从自身条件出发,选择合适的体育教学方法。

在体育教学中,要想提高教学质量和效果,就要充分发挥体育教学方法的作用,要尽可能地使所选的教学方法对学生起到积极有利的影响。教师实施教学方法,教学方法又作用于学生,从而将教师与学生密切联系起来,教学方法起到了重要的桥梁作用。由教学方法联系起来的教师与学生都是体育教学活动的主要参与者和实践者,体育教学效果一定程度上是由这两个主体所决定的,如果教师缺乏专业素养,学生缺乏学习热情和创造性,那么就难以取得理想的教学效果,难以实现预期的体育教学目标。

3. 扩展与改进体育教学方法

如何将丰富多彩的体育教学方法的功能充分发挥出来,从而提高教学质量,这是体育教师在体育教学中需要考虑的一个重要问题。体育教学方法的实施效果受到很多主客观因素的影响,其中客观方面的影响因素中,实际教学条件是一个不可忽视的因素,场地器材的数量、规格以及其他教学资源等教学条件都对体育教学方法的实施效果起到举足轻重的影响。

总体来看,不同地区的体育教学现状存在着一定的差异,这与各地的经济条件、教学资源、体育传统等因素都有直接的关系。如经济条件差的地区教学条件就比较落后,表现为缺乏体育场地器材等;经济条件好的地区教学条件优越,能够为体育教学的顺利开展提供良好的保障。为了使体育教学方法在各地区的教学中得到充分的运用,取得较好的实施效果,各地都应集中资源来优化教学条件,这是完善体育教学方法和提高教学方法实施效果的重要路径,经过优化后的教学条件和经过完善后的教学方法更能满足体育教学的需要,促进教学效果的提升,有效增强学生体质,培养学生的创新品质。

将体育教学方法的功能延伸,将其应用范围扩大,这是对体育教学方法进行扩展的两个主要内涵,要实现有效的扩展,就要在教学组织形式上下功夫,优化改革体育教学组织形式,如突破传统的按人数平均划分学习小组的分组方法,将学生的兴趣爱好、学习水平、运动基础等作为分组的主要依据,扩展教学组织形式,使不同兴趣爱好、不同学习能力的学生都能在新颖的课堂教学中获得更好的发展与长足的进步。

在具体的体育教学过程中,体育教师应不断改进教学方法,在原来的旧方法基础上增加新的因素,创造新的教学方法,进一步完善体育教学方法体系,这样才有利于体育教学活动的组织与开展。除了改进教学方法外,还要加强对教学工具的改良,引进先进的教学手段,这样才有利于促进体育教学目标的实现。

4. 重视新的教学技术的应用

伴随着现代社会的不断发展,科学技术在社会各个领域都得到了广泛的利用,学校教育的发展同样离不开先进科技的推动。因此,在体育教学中,还要重视新的科学技术的利用。当前,先进科学技术在教育领域的应用非常普遍,科技推动教育发展的实效有目共睹,因此要继续发挥科技的优势,继续利用科技手段来提高与完善教育技术,使体育教学彰显出时代性、先进性、创新性。体育教学中运用较多的教学技术当属多媒体技术,教师要多引进学生喜闻乐见的多媒体手段,充分激发学生学习体育的兴趣,提高其主动学习的意识与能力,这不仅有利于提高教学质量,对于学生综合素质的提高也大有裨益。

第二节 常见的体育教学手段与方法

一、常见的体育教学手段

(一)传统的教学手段

1. 体育课中"挂图"教学手段的运用

在体育教学中,挂图教学手段也得到了一定程度的利用,通过这一方法的使用能有效加深学生对动作的直观印象,帮助学生形成正确的动作表象,使学生清晰地了解技术动作的基本程序和要领,从而掌握和提高技术动作水平。

在使用教学挂图时,体育教师需要注意以下要点。

第一,在教学准备时应认真构想与筹划挂图的具体内容与使用时间、方法。

第二,在使用挂图教学时,选择的各种手段要有一定的针对性,符合体育教学的规律与特点。

第三,在学生观察挂图的同时,要善于采取各种手段与措施启发学生进行思考。

第四,在使用挂图时,文字表述可以采用口诀等形式,以增强学生的记忆力。

第五,在使用挂图教学时,注意挂图的位置和指图时机。

2. 体育课中"学习卡片"教学手段的运用

"学习卡片"的主要目的在于帮助学生更好地理解运动技术的要领,了解课堂的教学重点和难点,这是一种非常重要的教学辅助材料。

"学习卡片"这种教学手段非常直观可靠,便于携带,每一个学生都可以拥有,每一张卡片可以满足的要求不同,易引起小学生的注意。但学生卡片不方便携带,有时学生容易遗忘,有时搞得满地都是。因此,挂图与学习卡片各有利弊,可以根据不同的年龄特点进行选择。

3. 体育课中"教具"教学手段的运用

"教具"是指教师在课堂教学活动中,帮助学生掌握教学内容而运用与教学内容相关的教学用具。体育课大部分都是实践教学,在上课的过程中少不了各种体育器材与设备,通过各种教具的使用,如多媒体、各种球类、体操垫、跳绳等,学生能很好地提高自己的运动水平。

(二)互联网视域下创新的教学手段

1. 体育微格教学

(1)微格教学概述

发展到现在,各种先进的信息化技术在社会各个领域都得到了广泛的利用。在学校教育中,微格教学就是这样一种技术手段。

微格教学是利用现代教学技术手段对教师的教学技能进行培训的教学方法。微格教学是一种缩小化的可控制教学环境,它使准备成为或已经成为教师的人有可能集中掌握某一特定的教学技能和教学内容。微格教学具有针对性,有助于提高单项教学技能;具有参与性,有利于促进主体性的发挥;具有一定的实践性,有助于体育教师提高自己的综合素质,从而累积大量的教学实践经验。

(2)体育微格教学的实施

在利用体育微格教学手段组织与实施教学过程时需要注意以下几个方面的内容。

①观察分析阶段

在进行观察的过程中,要以所要训练的某一项或几项技能为主要依据,从不同角度出发示范不同水平的片段,受训者在观察的基础上分析,主要分析对象是体育教学大纲、体育教材、体育教学内容等,其目的是确定学习的目标与任务。

②模拟训练阶段

这一部分是微格教学的主体,首先让练习者备好课,备课的内容是一个教学片段,时间大概5~15分钟,教案中简要说明教学活动、学习活动、教学技能。编写好教案,学生开始模拟学习。

③评价讨论阶段

这一部分是微格教学信息的反馈与评价内容,应及时向培训者反馈。通过这一阶段,受训者要在以后的教学中不断修改与完善教学方案,更好地组织实施教学,实现微格教学的良性循环。

一般来说,评价主要有自评和他评两种方式。学生通过观看自己的教学录像,分析与评价自己的教学行为,就是自评。微格教学中的教师角色、学生角色、指导教师、评价人员等共同观看录像,集中评价,检查受训者是否通过努力达到了培训目标,这就是他评。讨论环节一般要由体育教师来指导,以集体讨论为主,最后根据讨论结果改进教学方案,这样能取得较为理想的教学效果。

④整合训练阶段

这一阶段属于微格教学的"综合阶段"。在微格教学中应将单项训练与整合训练的关系妥善处理好,在单项技能训练结束后,开展小型课训练(时间15分钟左右),要求反映出学生各个技能的掌握情况,从而为体育教师的评价提供一定的依据。

2. 体育微课教学

(1)微课教学概述

微课教学,是教师将微课的资源整合到日常课堂当中,根据学生的学习特点和学习进度,将微课资源与普通课堂相结合,从而实施教学的过程。微课教学的流程包括制作微课程学习视频、设计课堂学习形式和方法、评价教学过程。

（2）体育微课教学的实施

体育微课教学可以使学生通过反复学习微视频体育课程而形成良好的运动体验和感知，逐渐体会技术动作的要点，最终熟练掌握体育技能。

一般情况下，体育微课教学的过程主要包括三个步骤，即课前准备、课中教学和课后反思。这三个阶段缺一不可。

①课前准备

课前准备主要包括对体育教学内容的选取、体育教学目标的确定、体育教学策略的制定、体育教学顺序的设计以及教学场地器材的安排等。在这一环节要求突显主题，集中说明一个问题，设计相对完整的体育课堂结构。

②课中教学

微课的课中教学主要包括：导入、教与学、小结三个阶段。

导入：微课的时间比较短，要注意快速切入课题，留出更多的时间用来讲授内容。

教与学：教与学是微课教学的主体部分，以解决一个技术问题为主线，讲解力求精而简，练习方法力求简单有效。教师要对学生巧妙启发、积极引导。

小结：课堂小结不在长而在精，要根据体育课堂的实际情况做出客观、有效的总结。好的微课小结可以起到画龙点睛的作用，有利于学生运动技能水平的提高。

③课后反思

通过课后反思能够提高体育教学技能水平。在体育微课教学结束后，要总结和反思整个过程，反思教师的教和学生的学，检验目标的合理性，检验教学目标是否与教学规律相符，训练过程中是否将"学会教学"和"学会学习"统一起来，从而提出一定的改进策略。

二、常见的体育教学方法

（一）传统体育教学方法的应用

1. 语言法

（1）讲解法

在体育教学中,讲解法非常常用,常见于体育理论与技术实践中的各种技术要领的讲解。在体育教学中,讲解法就是指体育教师通过运用合理的语言向学生讲解基本的技术动作要领、方法和规则,指导学生积极学习和掌握技术动作的一种方法。

在体育教学中应用讲解法,为了取得理想的教学效果,需要注意以下几点。

第一,明确讲解的主要目的。

第二,保证讲解的内容要正确无误。

第三,讲解的过程要生动形象、简明扼要。

第四,要准确把握讲解的时机。

第五,讲解过程中要充分观察学生的具体表现。

（2）口令与指示

口令与指示法也属于语言教学法的一种形式。这一种教学方法是体育教师借助多种口令和指示进行,如"立正""跑""转体"等。语言教学法,口令和指示简短有力,能有效指导学生进行相应的技术动作的学练。

体育教师应用口令和指示法时需要注意以下几个方面的要求。

第一,体育教师要准确把握指示的时机和节奏,保证学生学习与提高技术动作的正确性与协调性。

第二,体育教师的发音要洪亮有力,确保每一名学生都听得到。

2. 直观法

直观法也是一种重要的语言教学法,在体育教学中这种方法得到了广泛的运用。

（1）动作示范

通过动作示范法的应用,能够使学生了解技术动作的形象、结构和要领。

体育教师应用动作示范方法进行教学,需要注意以下几个方面的要求。

第一,明确示范的目的和任务。

第二,示范的动作要保证正确,避免对学生造成误导,从而导致发生错误动作的行为。

第三,要注意示范的角度,示范的难度要适中,符合学生的实际水平。

（2）直观教具与模型演示

直观教具与模型演示法也是一种重要的直观教学法,对于教学中那些难度较大的动作,可以采用这一教学方法。这一教学方法通常用到的工具主要有图表、照片和模型等,这几种工具的使用往往能取得理想的教学效果。

3. 完整法

完整教学法,就是从动作的整体上出发进行教学和练习的一种教学方法。应用完整法,体育教师需要注意以下几个方面。

第一,要对整个动作的要素进行分析,从整体上进行把握,确保动作的完整和流畅性。

第二,对于技术难度较大的技术动作,应适当降低其难度。

第三,适当改变外部环境条件,借助外力条件完成完整动作。

4. 分解法

分解法与完整法是相对的,这一教学方法是指将完整的动作划分为几个部分,逐步使学生掌握完整的动作技术。

应用分解法,体育教师需要注意以下几个方面的要求。

第一,深入细致地分析动作技术特点。

第二,注重时间、空间等方面的有序性和统一性。

第三,关注各个环节之间的联系。

第四,注重各个环节之间的动作衔接。

第五,将分解法和完整法结合起来使用。

5. 程序教学法

在体育教学中,程序教学法也较为常用,这一教学方法常用于技术动作教学。在具体的教学过程中,体育教师首先要求学生按照预先设计好的步骤来学习,教师及时对其进行评价,并反馈学习结果,根据学生的学习结果决定下一步该怎么做,如果学生这一步的学习达到了标准,则可进入下一步学习;否则就要重新学习这一步,这一种教学方法能很好地提高学生的学习效率,受到广大体育教师的青睐。

6. 游戏法

游戏法,就是通过游戏的方式来完成相应的教学任务的方法。游戏法具有较大的趣味性特点,深受学生的欢迎和喜爱。体育教师在运用游戏法时需要注意以下要求。

第一,确定游戏规则和游戏要求。

第二,学生必须遵守游戏规则。

第三,教师进行公正、客观的评判。

7. 竞赛法

竞赛法是通过组织学生进行比赛的一种教学方法,这一方法的主要目的在于提高学生的技术水平,提高学生的技术实战能力。

应用竞赛法时,体育教师需要注意以下几个方面的要求。

第一,合理组织比赛,分队比赛时,要合理分组,双方实力要均衡。

第二,学生在比赛中能够熟练运用自己所掌握的技术。

第三,要重视比赛的安全性,避免发生运动损伤。

(二)现代体育教学方法的应用

1. 发现式教学法

伴随着现代社会的不断发展,出现了大量的符合现代教育要求的教学方法。发现式教学法就是这样一种能有效提高教学质量的教学方法。发现式教学法是指将教师的主导作用充分发挥出来,不断强化学生的创造性思维,提高学生综合能力的一种方法。这一种教学方法是从青少年学生的好奇、好动等心理特点出发,以发展学生的创造性思维为目标,以解决问题为中心,以结构化的教材为内容,使学生通过再发现进行学习的方法。

2. 探究教学法

探究教学法也是一种重要的现代教学方法,就是在体育教学过程中,教师将其指导作用充分发挥出来,积极引导学生自己去发现问题、分析问题并解决问题,使学生在不断探索、研究的过程中有所收获的教学方法。

在体育教学中应用探究教学法,需要做到以下两个方面的要求。

一方面,教师在课堂上给学生提供交流的机会。

另一方面,教师有针对性地进行问题的选择与设计,探究要讲究实效,避免形式化、绝对化、片面化。

3. 自主学习法

自主学习法,就是指学生能够在充分考虑到自身条件和实际需求的基础上,在教师的引导下,去自主选择相应的教学内容,并通过独立操作来进行学习的方法。

在体育教学中应用自主学习法,需要做到以下两方面的要求。

一方面,教师要对学生进行积极的指导,及时纠正其所犯的技术动作错误。

另一方面,教师要对学生的自学进行必要的监督,帮助学生养成良好的学习行为和习惯。

4. 群体激励教学法

群体激励教学法,就是通过集体思维共同相互激励的形式,引发众多反应,产生多种解决问题设想的一种教学方法。这一种教学方法非常适合于体育教学。

群体激励法的具体教学流程为:

第一,体育教师提出要探讨的问题;

第二,体育教师引导学生开动脑筋,通过实践去探究,寻找正确的答案。

通过群体激励教学法的运用,能够使传统应试教育的一些弊端得到有效的改善和弥补,能有效提升学生的创新意识和创造力。

5. 移植教学法

体育教学中使用的方法有些是专门针对体育学科设计的专项教学方法,有的是从其他教学领域或其他学科中借鉴而来,然后根据体育学科的特点和体育教学的需要而进行针对性的处理后运用到体育教学实践中的方法,这就是移植教学法。

目前,在学校体育教学中,移植教学方法得到了一定程度的运用,这一教学方法呈现出良好的普适性特点。实际上,不仅体育教学可以从其他学科或教育领域中借鉴一些先进的方法,在其他学科的教学中也可以借鉴一些体育教学方法,有些方法在很多学科的教学中都是普遍适用的。只是要注意根据各个学科的特点及现实教学条件去进行合理的加工、改造,而不能盲目借鉴,否则教学方法再科学、再先进,也难以发挥出本身的功能,无法达到提高体育教学效果的目的,甚至会弄巧成拙,不利于教学活动的顺利开展。

移植教学法可以说属于一种综合性的教学方法,对体育教师的综合素质要求较高,要求体育教师必须具备较高的知识水平、良好的思维方式、高超的教学技能等。

只有如此,体育教师才能更好地从教育学、心理学及运动训练学领域中汲取新鲜的元素而设计体育教学方法,并将移植而来的教学方法灵活运用于课堂教学中,发挥各种教学方法的作用。如果教师知识储备少,思维僵化,教学技能不熟练,缺乏教学经验,那么其可能只会浅显地借鉴其他学科的教学方法,或者不加改造、移花接木,或者在加工改造中胡编乱造,这就难以创造出符合教学实际的教学方法,这种教学方法不仅不能取得理想的教学效果,甚至还会阻碍体育教学的发展。

6. 难度增减教学法

难度增减教学法是指通过难度的增加和减少来进行教学的方法,这种教学方法在技术动作教学实践中常用。体育教师在使用这一教学方法时,需要注意难度增减的一个重要前提是运动技术动作的结构和性质是保持不变的。要依据技术动作的难度确定增还是减。

一般情况下,体育教学活动的开展主要遵循先易后难、循序渐进的原则。难度增减法,能够保证教学进度按照难度逐渐递增的顺序开展。同时,学生也能因此而获得学习的自信心,不会因教学内容而有恐惧和抵触的心理,这样有利于取得理想的学习效果。

7. 逆向思维教学法

逆向思维教学法是指从逆向思维出发,将问题从反方向引出来的一种教学方法。这种教学方法对于提高学生的创造力和创新能力具有重要的作用。

在平时的生活、学习和工作中,我们通常习惯于用正向思维去认识和思考问题,但是惯性思维并不能很好地解决所有的问题,有时利用逆向思维去解决问题反而会取得更好的效果。

第五章　互联网视域下体育教学手段与方法的设计

在体育教学过程中,尤其是在当今信息化发展背景下,学生要在体育教师的指导下尝试突破惯性思维,按方向程序去学习一些技术动作,有些技术动作就适合用反向思维学习,比正向思维学习的效果还要明显。用反向思维学习较为复杂的技术动作时,将难度较大的动作环节作为首先要掌握的因素而去不断地练习,熟练后再练习难度较小的动作环节,这样往往能取得良好的学习效果,对于学生运动水平的提高具有重要的意义和作用。

逆向思维的运用不仅体现在教师运用逆向思维去组织与开展教学活动,还体现在学生运用逆向思维去思考问题和解决问题。如不要一味抱怨学生学不会,而是反省自己是否在教学中存在问题与不足,学生是否因为"教"本身存在问题而无法有效学习,只有不断反思,不断进步,才能更好地教学生。

8. 情景教学法

情景教学法,就是在学习动作前,先用语言或场景把学生带入一定的情景,让学生设身处地强化练习的一种方法。这一种教学方法非常适合于体育教学。

情景教学法在具体的应用中,主要有以下手段。

第一,以生活展现情景。

第二,以实物演示情景。

第三,以录像、图片再现情景。

第四,以音乐、语言渲染情景。

第五,以展示、表演、示范体会情景等。

通常情况下,利用情景创设法时需要体育教师下足功夫,善于启发、引导与激励学生身临其境地去学习和掌握体育运动技能。通过这种教学方法的运用,不仅能充分激发学生学习的积极性,还能有效提高教师创设情景、组织教学方法的能力。

9. 分层教学法

分层教学法就是指在体育教学中,依据学生的特点与实际水平进行合理的分层,根据不同层次学生的特点组建合作小组,然后设计不同层次的教学目标,分别安排相应的教学内容和教学方法,以保证体育教学活动的顺利、有序进行。这一种教学方法在当今体育教学中得到了广泛的应用。

具体而言,体育教学中分层教学法实施的基本思路如图5-2所示。

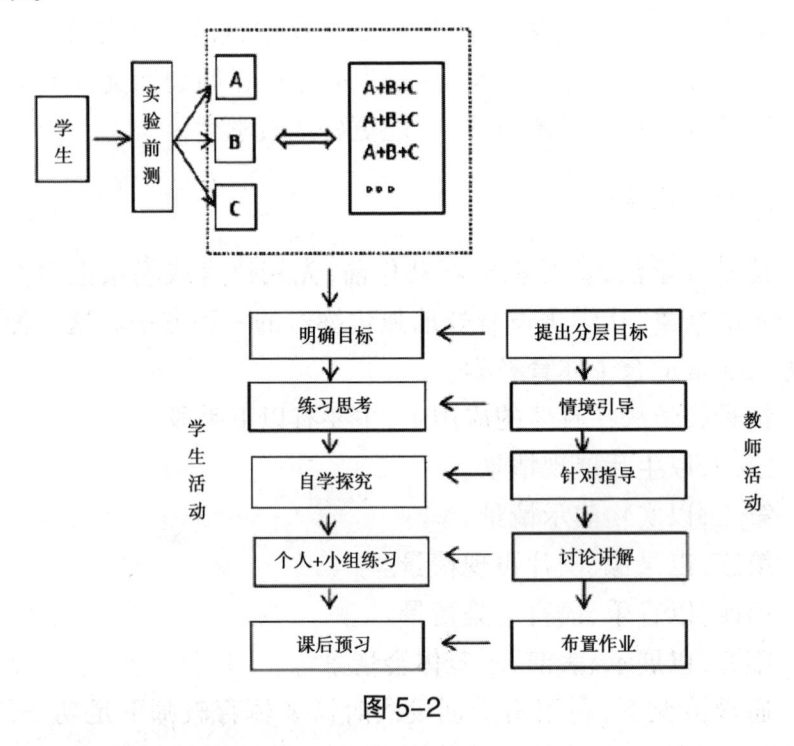

图 5-2

10. 即兴展现教学方法

即兴展现教学法也是一种具有良好教学效果的教学方法,这种教学方法十分强调师生间的互动,同时强调学生自我能力的展现,注重学生的主体地位,重视学生全面素质的培养与提高。如今,即兴展现教学法在体育教学中得到了广泛的应用。

第五章 互联网视域下体育教学手段与方法的设计

在具体的体育教学中运用即兴展现教学法,体育教师需要创设一个和谐的课堂氛围,在这样的情境中才能很好地培养学生的创新能力,促进学生综合素质的发展和提高。

在具体的体育教学实践中,即兴展现教学法的具体操作程序如图5-3所示。

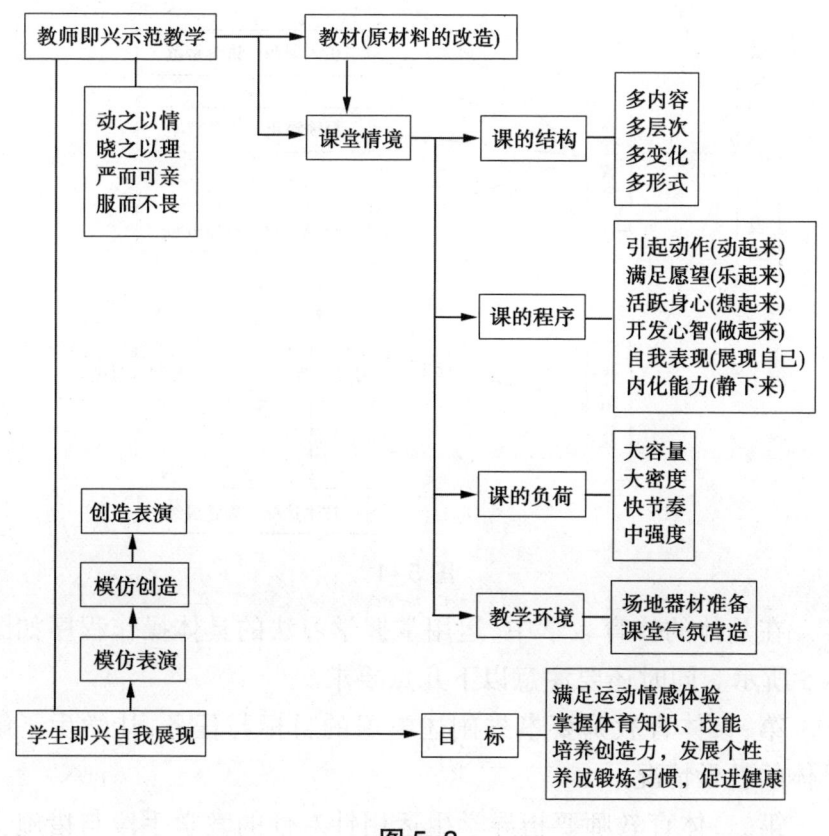

```
教师即兴示范教学 ──→ 教材(原材料的改造)
        │                    │
        ↓                    ↓
   动之以情              课堂情境 ──→ 课的结构 ── 多内容
   晓之以理                                      多层次
   严而可亲                                      多变化
   服而不畏                                      多形式
                              ├──→ 课的程序 ── 引起动作(动起来)
                              │               满足愿望(乐起来)
                              │               活跃身心(想起来)
                              │               开发心智(做起来)
                              │               自我表现(展现自己)
                              │               内化能力(静下来)
   创造表演                    │
      ↑                        ├──→ 课的负荷 ── 大容量
   模仿创造                    │               大密度
      ↑                        │               快节奏
   模仿表演                    │               中强度
      ↑                        │
   学生即兴自我展现 ────────→ 教学环境 ── 场地器材准备
                              │            课堂气氛营造
                              │
                              └──→ 目  标 ── 满足运动情感体验
                                              掌握体育知识、技能
                                              培养创造力,发展个性
                                              养成锻炼习惯,促进健康
```

图5-3

11.掌握学习教学法

掌握学习教学法是指体育教师依据教学大纲对学生分层次实施教学内容,然后定期进行阶段性评价的方法。这一种教学方法主要以班级授课为主,教学结构如图5-4所示。需要注意的是,体育教师在具体的教学中,要充分调查与了解所有学生的个性特征及个性化需求,这样有利于组织与开展教学活动。

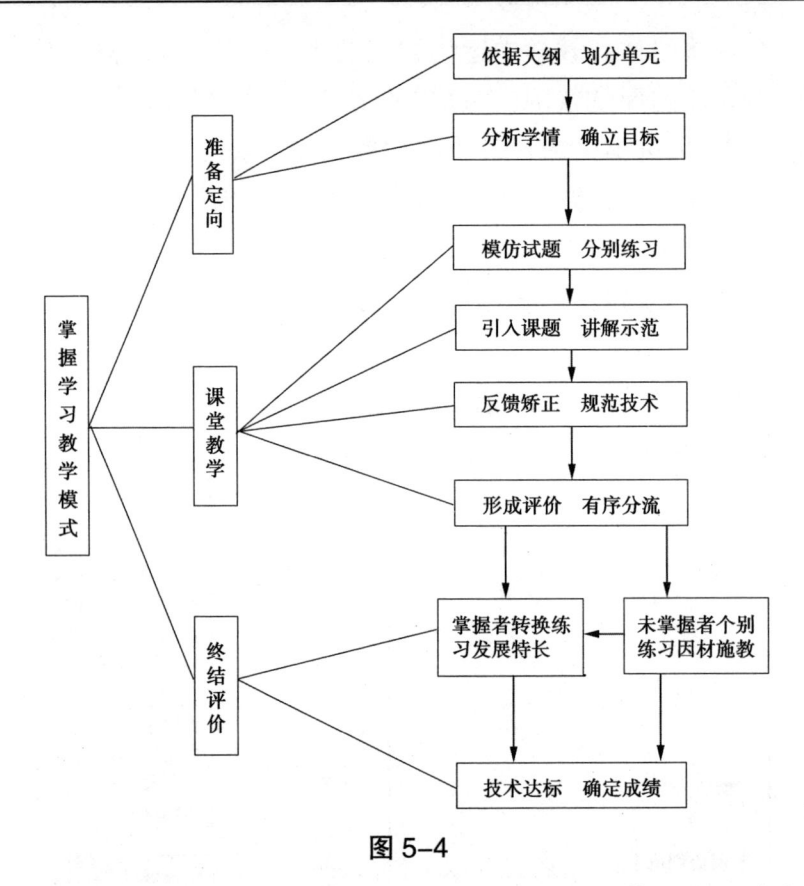

```
                    ┌─ 依据大纲  划分单元
          准备定向 ─┤
                    └─ 分析学情  确立目标

                    ┌─ 模仿试题  分别练习
掌握学习            │   引入课题  讲解示范
教学模式 ── 课堂教学┤   反馈矫正  规范技术
                    └─ 形成评价  有序分流

          终结评价 ── 掌握者转换练习发展特长 / 未掌握者个别练习因材施教
                        └─ 技术达标  确定成绩
```

图 5-4

在具体的体育教学中,运用掌握学习法的具体操作程序如图 5-5 所示。同时还要注意以下几点要求。

第一,体育教师要事先阐述学习的目标与任务,让学生了解具体的教学情况。

第二,体育教师要指导学生运用针对性的教学手段与措施去实现既定的学习目标。

第三,不能忽略了体育教学评价,评价的形式要将形成性评价和终结性评价结合起来进行。

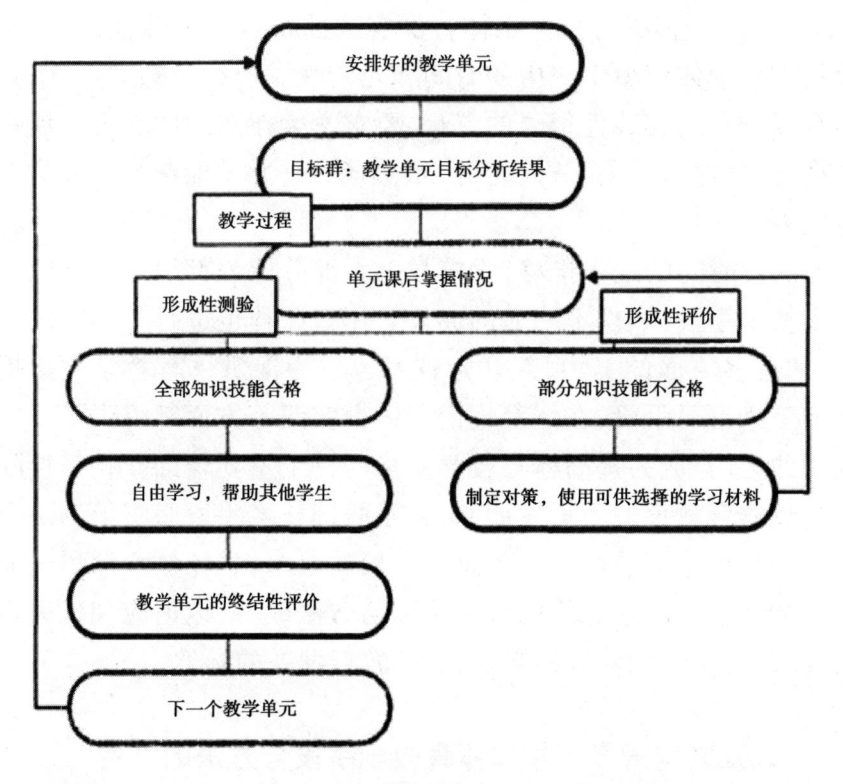

```
                    ┌─────────────────┐
            ┌──────▶│  安排好的教学单元  │
            │       └─────────────────┘
            │                │
            │                ▼
            │     ┌───────────────────────┐
            │     │ 目标群：教学单元目标分析结果 │
            │     └───────────────────────┘
            │                │
            │   ┌────────┐   │
            │   │ 教学过程 │   │
            │   └────────┘   ▼
            │   ┌────────┐  ┌──────────────┐  ┌────────┐
            │   │形成性测验│─▶│ 单元课后掌握情况│◀─│形成性评价│
            │   └────────┘  └──────────────┘  └────────┘
            │              │              │
            │              ▼              ▼
            │   ┌──────────────┐   ┌──────────────┐
            │   │全部知识技能合格│   │部分知识技能不合格│──┐
            │   └──────────────┘   └──────────────┘  │
            │              │              │         │
            │              ▼              ▼         │
            │   ┌──────────────────┐ ┌───────────────────────┐
            │   │自由学习，帮助其他学生│ │制定对策，使用可供选择的学习材料│
            │   └──────────────────┘ └───────────────────────┘
            │              │                        │
            │              ▼                        │
            │   ┌──────────────────┐                │
            │   │ 教学单元的终结性评价 │◀───────────────┘
            │   └──────────────────┘
            │              │
            │              ▼
            │   ┌──────────────┐
            └───│ 下一个教学单元 │
                └──────────────┘
```

图 5-5

第三节 互联网视域下体育教学手段与方法的应用

随着时代的不断发展，现在已进入一个信息化社会，各种互联网技术得到了广泛的应用，这为人们带来了极大的便利。在体育教学中，各种先进的互联网技术手段也得到了一定程度的应用，对体育教学质量的提升有一定的帮助。本节就重点研究互联网视域下体育教学手段与方法的应用。

一、互联网思维下体育教学手段与方法应用的必要性

如今，互联网教学手段在学校教育中得到了广泛的应用，但是与其他文化课相比,由于体育课实践性特点的特殊性,互联网手段应用于体育教学之中的时间相对较晚。传统思想观念认为,体育属于一门实践性很强的课程,要求学生在实践中获得发展和提高,而通过网络学习,只能是"纸上谈兵",并不能起到良好的教学效果。

随着时间的逐步推移,学校教育大部分课程都引入了互联网教学技术手段,取得了明显的成效。体育课程也进行了一定的尝试,通过多方面的努力,互联网技术也成为促进体育教学质量提高的一个重要手段,在体育理论与体育实践等方面都得到了一定程度的运用,成为提高体育教学质量的一个重要辅助。相信伴随着学校体育教育的不断发展,各种互联网技术手段必将得到更为广泛的利用。为适应当今信息化发展的要求,学校体育课程也需要进行基于互联网思维的教学手段与方法改革,以适应现代教育的要求,这是时代发展的必然、学校教育发展的必然。

二、互联网背景下相关体育教学手段与方法的应用

（一）基于慕课的线上线下互动教学的运用

在当今互联网信息技术快速发展的背景下,各种创新的信息化教学手段大量涌现,成为体育教学质量提高的重要辅助手段。如基于慕课形式的线上线下互动教学手段就受到很多教师的青睐,在学校体育教学中得到了广泛的利用。

基于慕课形式的线上线下互动教学手段的运用步骤如下所述。

第一,体育教师通过互联网平台介绍教学过程中涉及的各方面理论,让学生初步学习与了解。

第二,学生了解了基本的教学理论后,运用互联网上的各种信息、习题、案例等进行体育知识与技能的学习。

第三,学生在互联网上学习到基本的体育教学理论等知识后,可以在互联网平台展开具体的讨论,针对各种疑难问题进行

分析。

第四,利用互联网平台进行知识应用的分析与讨论,可以采用线上线下互动的模式,利用大数据、人工智能等现代新技术,获取各种新知识,丰富学生的知识结构体系。

总之,通过线上线下互动教学手段的运用,能使整个体育课堂变得更加立体、生动和有趣,能有效激发学生学习的积极性和兴趣,提高学生主动学习的意识与能力,因此具有显著的教学效果。[①]

（二）基于视频打卡的课外作业法运用

课外作业法就是体育教师充分利用课堂之外的时间,采用课前布置自学任务、课后布置学习任务的形式来提高教学质量的一种教学方法。大量的实践表明,这一教学方法符合现代教育的要求,能取得理想的教学效果。

在互联网信息技术快速发展的背景下,将互联网技术与课外作业法相结合也不失为一种有效的教学手段或形式。因此,基于视频打卡的课外作业法就是这样应运而生的一种互联网教学手段。

这一教学方法的具体运用流程为：体育教师针对学生具体实际布置明确的学习任务与目标,学生依据教师布置的教学任务自行在网络上搜索各种学习资料,并做好大量的预习工作。通过这种互联网搜索学习的方式,学生既初步了解了将来体育课堂上所要学习的内容,又极大地提高了自己搜索知识与主动学习知识的能力,可谓一举两得。

以体育课中的足球课程教学为例,体育教师可以事先为学生布置好课前作业,如足球运动与其他运动项目相比有什么优势和特点,足球运动需要哪些技术,重点技术有哪些等。安排重点技术的练习时,可指导学生利用镜子做分解动作,形成正确的动作定型,学生可以拍成视频上传至教师指定的网络平台,这就是视

---

① 邵帅.基于互联网思维下的体育教学方法改革[J].通讯世界,2020,27(06):155-156.

频打卡的教学手段。通过这种视频打卡的方式,学生通常都能正确地对待,因为无法作假,也不能敷衍了事,同时还带有强烈的新鲜感,激发学生学习的兴趣,取得理想的教学效果。

第六章 互联网视域下体育教学模式的设计

体育教学模式在体育教学中的地位和作用也是独特的,不可替代的。体育教学模式的科学与否,都会对体育教学活动能否顺利开展和教学效果好坏产生重要影响,因此,做好体育教学模式的设计工作至关重要。当前,处于互联网信息时代,在这样的背景下,体育教学模式在发展和设计方面也要与之相结合,将其时代性特点体现出来。

本章首先对体育教学模式的基本知识以及当前常见的几种教学模式进行了阐述,在此基础上,对互联网视域下体育教学模式的设计和应用进行了分析和探索,由此能对体育教学模式的基本理论、最新的发展应用有全方位的了解与认识。

第一节 体育教学模式概述

一、体育教学模式的概念

由于当前关于体育教学模式的概念还是各持己见的,没有统一起来,所以,通过对多元化体育教学模式概念的理解进行分析、归纳和总结,最终将体育教学模式的概念界定为"具有特定的体育教学思想,用以完成体育教学单元目标而设计的相对稳定的教学程序"。

完整体育教学模式的结构图如图 6-1 所示。

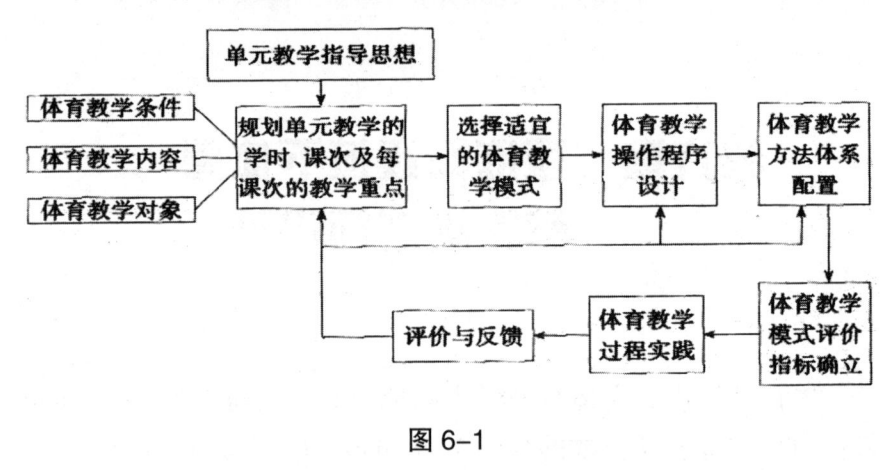

图 6-1

二、体育教学模式的基本属性

（一）稳定性

要想确立一个体育教学模式,实际上就是要确立一个新型的体育教学过程结构,要实现这一目标,必须具有良好的稳定性,这是结构的必要特征。由此可以看出,稳定性是体育教学模式必须具备的一个基本属性。

（二）理论性

对于已经确立并发展成熟的一个体育教学模式来说,都能够或多或少地反映出一定的教学指导思想,这也是对某个教学过程、理论教学程序的充分体现和反映,这就是所谓的理论性。

科学的、先进教学模式的教学指导思想和理论的确定,能够为教学模式的进一步清晰和完善提供必要的依据和支持,具有基础性作用。因此,体育教学模式理论性属性的形成取决于体育教学模式与教学思想及理论的依存关系。

(三)整体优化性

不管是什么样的体育教学模式,其在形成的同时,也代表着一个新的教学系统的产生。也可以将其理解为:一个全新的教程的形成过程。首先,要将新的教学指导思想确定下来,然后将可以采用的适宜的教学过程设计、教学方法以及教学评价方法确定下来,最后将它们统合起来的过程。由此可见,一个新的体育教学模式的形成,与一个教学程序的整体优化之间是有着密切联系的,某种程度上,良好的教学效果的产生也必须具备这一条件。

(四)直观性

这里的直观性,也可以理解为可操作性,其内容有两个方面:一方面,教师在模仿体育教学模式时,通常是较为容易的;另一方面,在操作程序方面,一定要保证是基本的,并且具有较强的稳定性。不论所要建立新的体育教学是什么样的,都要明确其与之前的体育教学模式是有所差别的,还有一点要强调,它们各自的特点和教学效果都是独一无二的。

一般来说,新的特点和独特的教学效果主要从整个教程安排的特殊结构或某个特殊的教学环节上得到充分的体现,因此,这就将其特点和教学效果的显著性特征充分体现了出来。

(五)可评价性

对于一个相对比较成熟的体育教学模式来说,其通常都会有一个与之相适应的评价方法体系,这是标志着其相对成熟的重要标志,也是必要条件,相反,缺少这一条件,就称不上是相对成熟的体育教学模式。这就将体育教学模式的可评价性属性体现了出来。

在体育教学模式中,评价的作用和意义非常重要,具体有三个方面。

1. 能将教学思想体现出来。
2. 能将教学过程结构评价反映出来。
3. 能对相应的教学方法体系进行评价。

(六) 针对性

所有的体育教学模式,都具有其自身的显著优点,同时也都有其不足之处,适用的范围也是各不相同的。不管是什么样的体育教学模式,其建立都是围绕着教学实践的问题或问题的某个方面而进行的,这就是其针对性的主要体现。

三、体育教学模式的分类

(一) 按体育教学本质特征进行分类

体育教学活动的本质特征是"运动技术的学练",依据这一特征,并结合"二分法"原理,可以将体育教学模式划分为如图 6-2 所示的两大类型。

体育教学模式的分类
- 运动技能类教学模式
  - 传统运动技能教学模式:运动技术程序式教学模式
  - 启发式体育教学模式:在学习运动技术前置疑问,产生有意义学习
  - 领会式教学模式:先尝试比赛,体会学习运动技术的意义后进行运动技术学习
  - 选择式教学模式:让学生参与运动技术的选择和深入学习
  - 小群体教学模式:利用集体中学生间的互动更好地学习技术
  - 成功体育教学模式:设置不同的技术难度要求,使学生有针对性地选择运动技术
- 非运动技能类教学模式(介绍或尝试类教学模式)
  - 快乐体育教学模式
  - 体育锻炼类教学模式
  - 情景式教学模式
  - 发展学生主动性教学模式
  - 在运动技能要求较低的情况下初步尝试与体验运动情感

图 6-2

（二）按体育教学要素进行分类

按照体育教学的不同要素，可以将体育教学模式分为多种不同的类型，相关具体内容见表6-1。

表6-1　体育教学模式分类[①]

学者	分类依据	类型
胡庆山	蕴含的教育理论	发现学习教学模式
		掌握学习教学模式
		俱乐部型教学模式
	教学目标	以掌握"三基"为主的教学模式
		以激发学生运动兴趣为主的教学模式
		以培养学生运动能力为主的教学模式
		以丰富学生情感体验为主的教学模式
	教学方法	运用现代教学技术的学习模式
		传授—接受教学模式
		自主学习模式
		策略学习模式
		情景教学模式
		交互式教学模式
	教学组织形式	集体学习模式
		合作学习模式
		个别化学习模式
		课内课外一体化教学模式
		俱乐部型教学模式
邹师	教育理论	现代教育理论模式
		心理学理论模式
		系统科学理论模式
		社会学理论模式
		素质教育理论模式

---

① 蒿彬.现代体育教学多元理论与实施路径研究[M].北京：中国书籍出版社，2020.

续表

学者	分类依据	类型
邹师	教学目标	掌握技能教学模式
		提高素质教学模式
		激发学生学习兴趣的教学模式
		培养学生学习能力的教学模式
		自我健身体验乐趣教学模式
	教学方法	运用现代教学技术的学习模式
		自主学习模式
		策略学习模式
		交互式学习模式
		讨论式教学模式
		情景式教学模式
	教学组织形式	技术辅导教学模式
		集体学习模式
		个别化学习模式
		合作式学习模式
		课内外一体化教学模式
		俱乐部式教学模式
	课的类型	理论课学习模式
		素质课学习模式
		新授课学习模式
		复习课学习模式
		考试课学习模式

（三）按体育教学多元目标进行分类

体育教学目标的类型主要有五个方面，以体育教学多元目标为参照，基于这五大目标，可以将体育教学模式划分为三种类型，具体见图6-3。

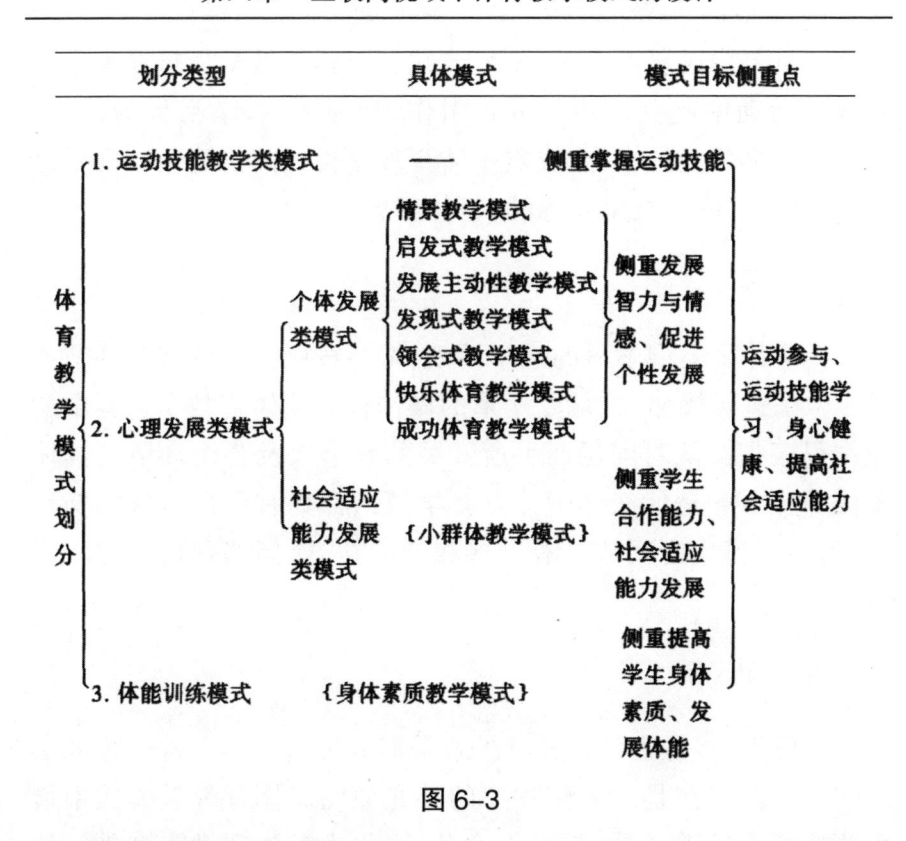

第六章 互联网视域下体育教学模式的设计

| 划分类型 | 具体模式 | 模式目标侧重点 |

体育教学模式划分
- 1. 运动技能教学类模式 —— 侧重掌握运动技能
- 2. 心理发展类模式
  - 个体发展类模式：情景教学模式、启发式教学模式、发展主动性教学模式、发现式教学模式、领会式教学模式、快乐体育教学模式、成功体育教学模式 —— 侧重发展智力与情感、促进个性发展
  - 社会适应能力发展类模式：{小群体教学模式} —— 侧重学生合作能力、社会适应能力发展
- 3. 体能训练模式 {身体素质教学模式} —— 侧重提高学生身体素质、发展体能

运动参与、运动技能学习、身心健康、提高社会适应能力

图 6-3

四、体育教学模式的结构

（一）教学思想

教学思想，对于所有的学科教学来说，其所处的地位和起到的作用都是一致的，其是各个学科教学的灵魂，在教学的方向与目标方面有着总体上的指引作用。这种地位和作用在体育教学中也体现得淋漓尽致。可以说，只有拥有先进的体育教学思想，才能实现体育教学模式的科学构建。教学思想的转变，会影响到体育教学模式的形态，使其发生相应的变化。

（二）教学目标

教学目标在整个体育教学活动中是处于核心地位的，是体育教学的重要构成要素之一,不可或缺。与其说教学思想在整个体育教学活动中起到宏观上的指引作用,那么,教学目标的作用,就是具体事项上的指导,决定了体育教学模式的构建基础问题之一,就是保证体育教学目标的顺利实现。

(三)操作程序

无论什么类型学科的教学活动,都要按照一定的教学环节或者步骤来进行操作,这就是所谓的操作程序。体育教学过程中的操作程序是指从时间层面上所开展的环节以及各个环节的具体做法等。不管是什么样的体育教学模式都具有各自独特的操作程序,不同模式之间或许有一些相通的地方,但差别仍是比较明显的。

(四)实现条件

实现条件,是指体育教学模式是需要在一定的条件下才能实现的。它的存在是对操作程序的补充说明。体育教学模式中最主要的三大实现条件,就是人力条件、物力条件和动力条件。从体育教学模式的角度来说,就是指体育教师与学生、体育教学内容以及学校的基础设施等。

(五)评价方式

不同的体育教学模式都有其各自不同的适用范围,所针对的教学内容、教学目标等也各不相同,由此,也就决定了所采用的教学程序和条件也是不同的。因此,即便是在评价环节,也是不同的,要保证所选择的评价方法是有针对性的,是有独特特点的。需要强调的是,所有的评价方式都不具有通用的特点,因此,要根据实际需要来确定相应的评价方式。

第二节 当前常见的体育教学模式

一、传统体育教学模式

(一)传统体育教学模式的概念

这里所说的传统体育教学模式,就是狭义上的传授体育运动技能所运用的教学模式。进一步分析,可以将其理解为,教师以运动技能教育观为指导,从运动技能形成规律出发而设计体育教学程序的一种教学模式。

(二)传统体育教学模式的实操环节

将运动技能传授模式运用到体育教学中,所参照的简易教学程序如图 6-4 所示。

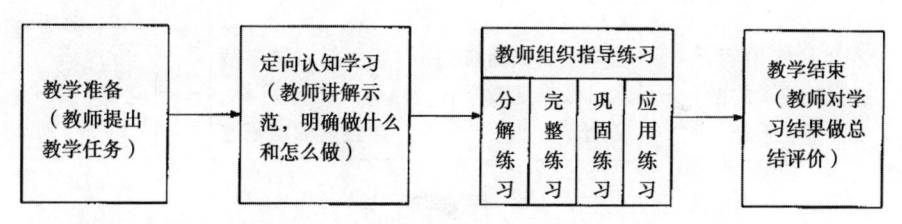

图 6-4

体育教学模式在随着体育教学发展、创新的过程中,也带动了运动技能传授模式的改革、发展,其中,"师生合作式""教师辅助式"等是较为典型的代表,它们在体育教学中应用的教学程序分别如图 6-5 和图 6-6 所示。

图 6-5

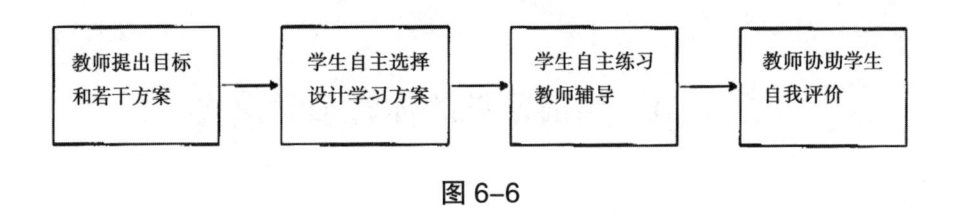

教师提出目标和若干方案 → 学生自主选择设计学习方案 → 学生自主练习教师辅导 → 教师协助学生自我评价

图 6-6

二、快乐体育教学模式

（一）快乐体育教学模式的概念

快乐体育教学模式，可以简单理解为：让学生在快乐的氛围中进行体育学习。这种教学模式所用到的是运动这一基本手段，采用合适的教学方法，能使学生的体能水平得到有效提升。

（二）快乐体育教学模式的实操环节

在体育教学中运用快乐体育教学模式的具体实践操作流程如图 6-7 所示。

结合具体内容，进行低要求的游戏，享受乐趣 → 让学生挑战新技术（低难度教学活动）→ 学生结合教学活动，自定目标，以创造活动乐趣 → 竞赛、评比

图 6-7

例如，在体能课上可采用快乐体育教学模式，图 6-8 所示的是该模式在"鱼跃前滚翻"动作教学中的具体操作流程。

三、发现式体育教学模式

（一）发现式体育教学模式的概念

发现式体育教学模式，可以将其简单地理解为，是以促进学生在体育教学中善于发现的能力的一种教学模式。具体分析可知，这一教学模式的中心为学生，开展的基础为学生的积极主动

第六章　互联网视域下体育教学模式的设计

性,开展的目的在于使学生积极思考与独立探究问题,发现并掌握相应知识,得出相应结论。

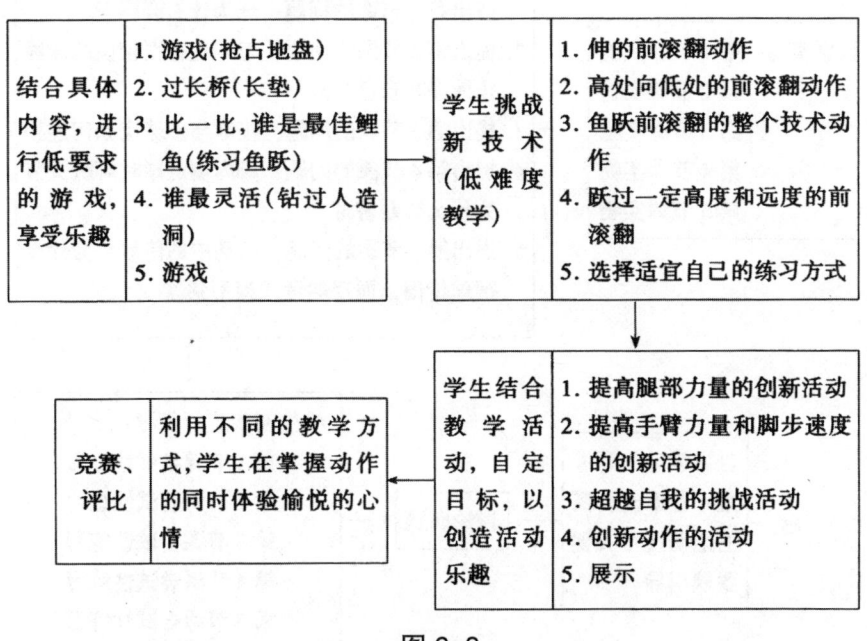

```
┌─────────┬──────────────────┐         ┌─────────┬──────────────────────┐
│结合具体 │1. 游戏(抢占地盘)│         │学生挑战 │1. 伸的前滚翻动作     │
│内容,进 │2. 过长桥(长垫)  │         │新 技 术 │2. 高处向低处的前滚翻 │
│行低要求 │3. 比一比,谁是最佳│ ──────→│(低难度  │   动作               │
│的 游 戏,│   鲤鱼(练习鱼跃)│         │教学)   │3. 鱼跃前滚翻的整个技 │
│享受乐趣 │4. 谁最灵活(钻过 │         │         │   术动作             │
│         │   人造洞)       │         │         │4. 跃过一定高度和远度 │
│         │5. 游戏           │         │         │   的前滚翻           │
│         │                  │         │         │5. 选择适宜自己的练习方式│
└─────────┴──────────────────┘         └─────────┴──────────────────────┘
                                                        │
                                                        ↓
┌─────────┬──────────────────┐         ┌─────────┬──────────────────────┐
│         │利用不同的教学方 │         │学生结合 │1. 提高腿部力量的创新活动│
│竞赛、   │式,学生在掌握动 │         │教学活动,│2. 提高手臂力量和脚步速 │
│评比     │作的同时体验愉悦 │←────── │自定目标,│   度的创新活动       │
│         │的心情           │         │以创造活 │3. 超越自我的挑战活动 │
│         │                  │         │动乐趣   │4. 创新动作的活动     │
│         │                  │         │         │5. 展示               │
└─────────┴──────────────────┘         └─────────┴──────────────────────┘
```

图 6-8

(二)发现式体育教学模式的实操环节

发现式体育教学模式的操作程序如图 6-9 所示。

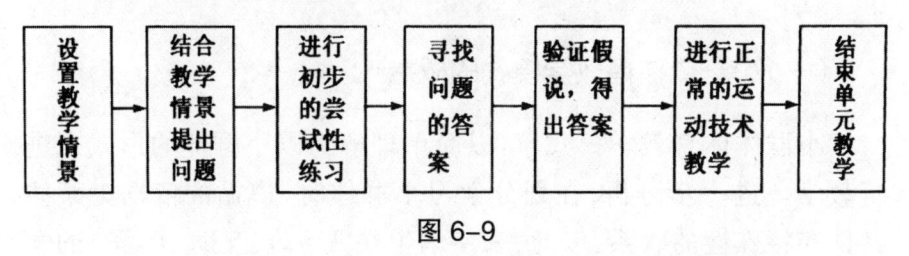

```
┌────────┐  ┌────────┐  ┌────────┐  ┌────────┐  ┌────────┐  ┌────────┐  ┌────────┐
│设置教学│→│结合教学│→│进行初步│→│寻找问题│→│验证假说│→│进行正常│→│结束单元│
│  情景  │  │情景提出│  │的尝试性│  │的答案  │  │得出答案│  │的运动技│  │  教学  │
│        │  │  问题  │  │  练习  │  │        │  │        │  │术教学  │  │        │
└────────┘  └────────┘  └────────┘  └────────┘  └────────┘  └────────┘  └────────┘
```

图 6-9

例如,在足球课教学中传授行进间脚内侧传接球技术时,可将该模式运用其中,具体实践操作的流程如图 6-10 所示。

再如,在跨栏跑教学中为了对学生的探索意识与能力进行培养,可采用该教学模式,具体实践操作的流程如图 6-11 所示。

图 6-10

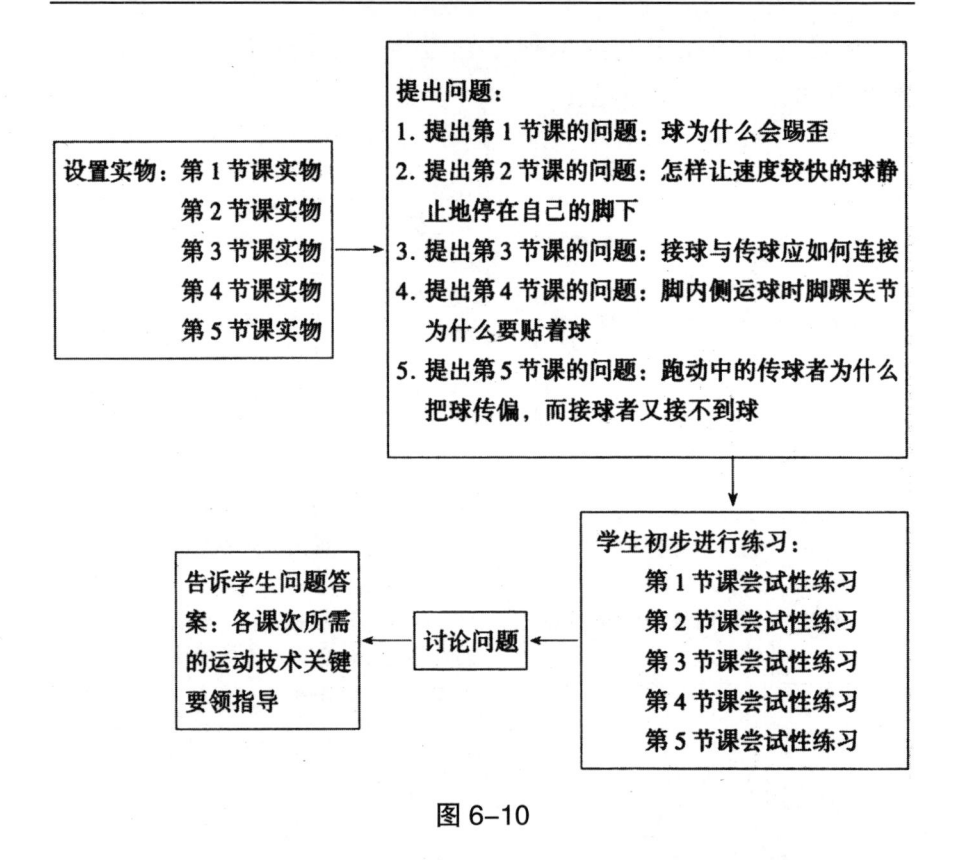

四、小群体体育教学模式

(一)小群体体育教学模式的概念

小群体体育教学模式,可以简单理解为以小群体的形式来进行教学。进一步分析,在划分学习小群体时,遵循的依据为某些共性和特殊性的联系,以此,来使学生在"互动、互助、互争"的学习活动中获得知识与技能、树立集体主义精神、陶冶性情及完善人格。

(二)小群体体育教学模式的实操环节

小群体体育教学模式的操作程序如图 6-12 所示。

第六章　互联网视域下体育教学模式的设计

设置教学情景：
设置教学情景1：在跑道上放置一个栏架或横箱
设置教学情景2：在跑道上放置一个栏架，要求学生在2米左右的地方用摆动腿攻栏
设置教学情景3：可以在墙边放置"前高后底"的栏架，要求学生手扶墙练习起跨腿技术
设置教学情景4：跨越竹竿或其他或在跑道上放置2~3个栏架，要求学生体会两腿的协调技术
设置教学情景5：在跑道上放置2~3个栏架，要求学生在边上观看并把练习者的过栏后的三个步点划出来
设置教学情景6：在跑道上放置2~3个栏架，让练习者进行练习
设置教学情景7：在跑道上放置标准栏架，结合起跑进行记时

提出问题：
1. 想象可以采用多少种方法过这栏架？跨和跳有区别吗
2. 为什么摆动腿要充分地折叠攻栏
3. 任何使自己的起跨腿不会碰到栏架
4. 想象一下在栏上自己的身体是什么样的姿势
5. 栏间的步点大小是如何分布的
6. 如何缩短过栏的时间
7. 分析影响决定跨栏跑成绩的因素有哪些

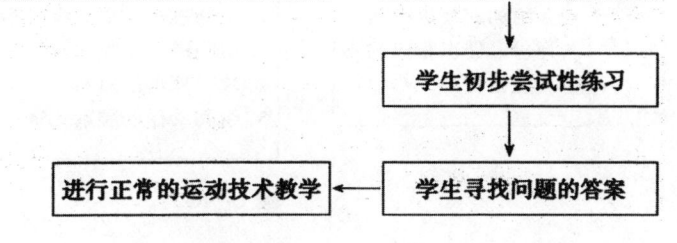

学生初步尝试性练习

进行正常的运动技术教学 ← 学生寻找问题的答案

图 6-11

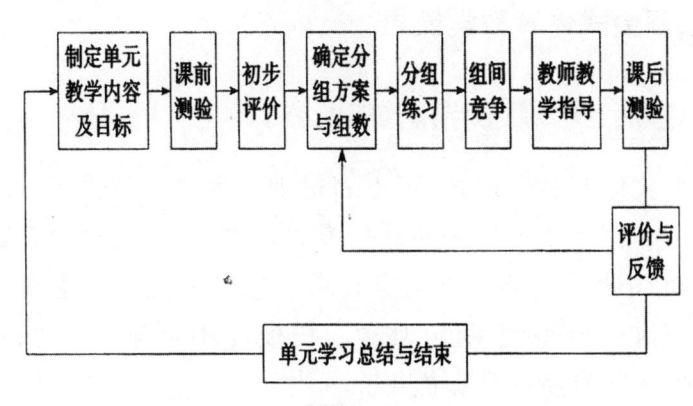

制定单元教学内容及目标 → 课前测验 → 初步评价 → 确定分组方案与组数 → 分组练习 → 组间竞争 → 教师教学指导 → 课后测验 → 评价与反馈 → 单元学习总结与结束

图 6-12

这一教学模式的应用范围主要是指体能教学。这里就以"鱼跃前滚翻"动作的教学为例来加以分析,教师在教学过程中对学生的协作能力进行培养时,采用这一教学模式,教学成效通常是较为理想的。具体实践操作的流程如图 6-13 所示。

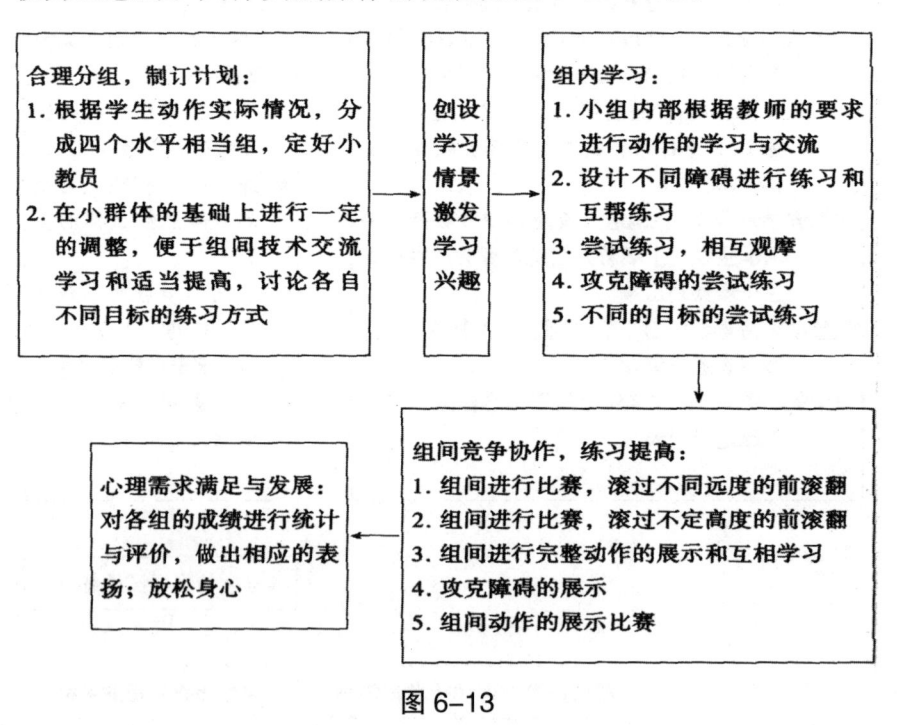

合理分组,制订计划:
1. 根据学生动作实际情况,分成四个水平相当组,定好小教员
2. 在小群体的基础上进行一定的调整,便于组间技术交流学习和适当提高,讨论各自不同目标的练习方式

创设学习情景激发学习兴趣

组内学习:
1. 小组内部根据教师的要求进行动作的学习与交流
2. 设计不同障碍进行练习和互帮练习
3. 尝试练习,相互观摩
4. 攻克障碍的尝试练习
5. 不同的目标的尝试练习

组间竞争协作,练习提高:
1. 组间进行比赛,滚过不同远度的前滚翻
2. 组间进行比赛,滚过不定高度的前滚翻
3. 组间进行完整动作的展示和互相学习
4. 攻克障碍的展示
5. 组间动作的展示比赛

心理需求满足与发展:对各组的成绩进行统计与评价,做出相应的表扬;放松身心

图 6-13

五、领会式体育教学模式

(一)领会式体育教学模式的概念

领会式体育教学模式,可以简单理解为是一种以促进学生对体育学习领悟为主要目的的教学模式。进一步分析可知,这一教学模式对场地设施条件有一定要求。这样才能使学生对运动技术的学习和体会得到保证,其学习积极性才能有效调动起来,学习效果也才能有所提升和优化。

（二）领会式体育教学模式的实操环节

领会式体育教学模式的操作程序如图 6-14。

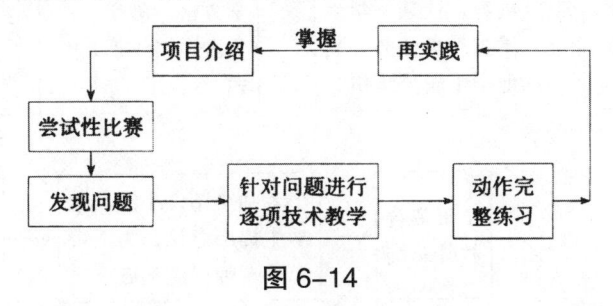

图 6-14

例如，在篮球课上传授行进间运球上篮技术时，可实施该模式，具体实践操作的流程如图 6-15 所示。

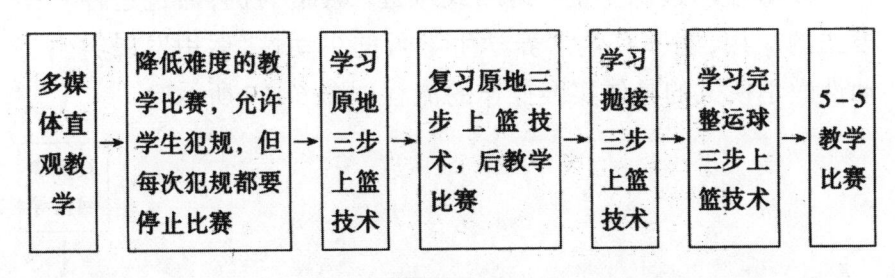

图 6-15

六、主动性体育教学模式

（一）主动性体育教学模式的概念

发展学生主动性的体育教学模式，实际上就是一种促进学生自主性和积极性的教学模式，这种教学模式需要教师创造一定的条件才能实现。

（二）主动性体育教学模式的实操环节

主动性体育教学模式的基本操作程序如图 6-16 所示。

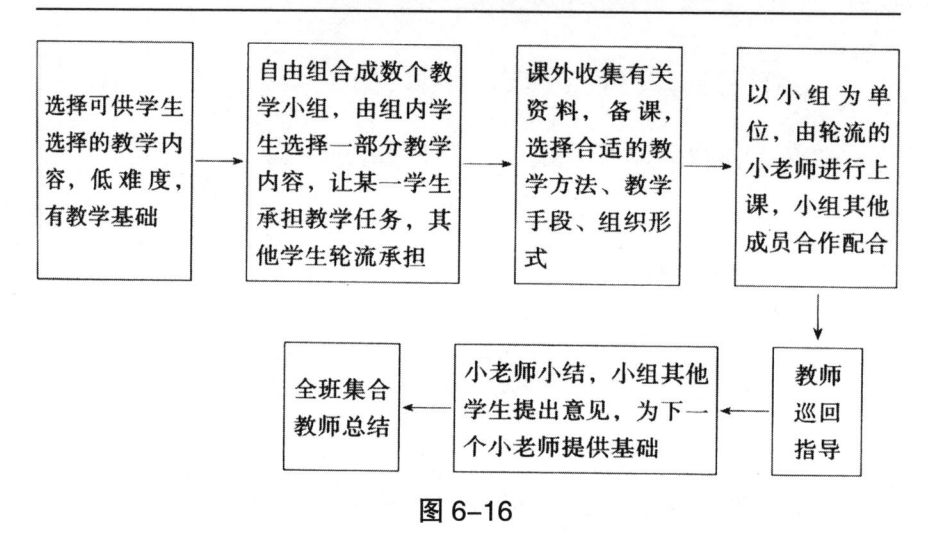

```
选择可供学生      自由组合成数个教     课外收集有关       以小组为单
选择的教学内  →  学小组,由组内学  →  资料,备课,    →  位,由轮流的
容,低难度,      生选择一部分教学     选择合适的教       小老师进行上
有教学基础       内容,让某一学生     学方法、教学       课,小组其他
                承担教学任务,其     手段、组织形       成员合作配合
                他学生轮流承担      式
                                                        ↓
全班集合      小老师小结,小组其他                     教师
教师总结  ←  学生提出意见,为下一  ←                   巡回
            个小老师提供基础                          指导
```

图 6-16

以田径跳远课上的"蹲踞式跳远"教学为例,通过这种教学模式的应用,能够有效培养学生学习的主动性,运用发展学生主动性教学模式的具体实践操作的流程如图 6-17 所示。

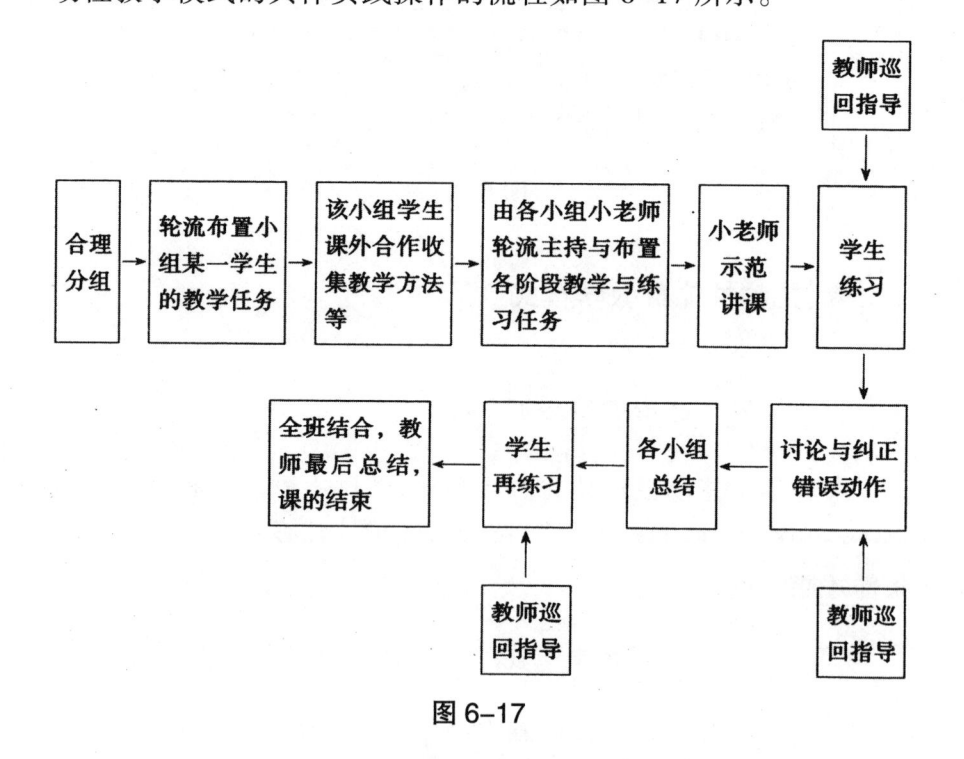

```
                                                教师巡
                                                回指导
                                                   ↓
合理    轮流布置小    该小组学生    由各小组小老师   小老师    学生
分组 →  组某一学生 → 课外合作收  → 轮流主持与布置 → 示范  →  练习
        的教学任务    集教学方法    各阶段教学与练   讲课
                     等           习任务                      ↓
全班结合,教师   学生    各小组     讨论与纠正
最后总结,    ← 再练习 ← 总结    ← 错误动作
课的结束
                 ↑                    ↑
              教师巡              教师巡
              回指导              回指导
```

图 6-17

七、选择式体育教学模式

(一)选择式体育教学模式的概念

选择式体育教学模式,简单来说,就是体育教学中让学生自主选择学习内容、安排学习进度、查找参考资料等,从而培养学生的学习积极性,提高学生主动学习意识与能力的教学模式。

(二)选择式体育教学模式的实操环节

选择式体育教学模式的操作程序如图6-18所示。

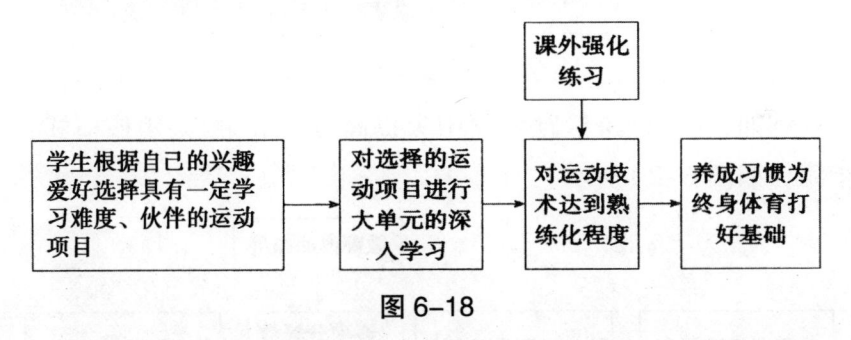

学生根据自己的兴趣爱好选择具有一定学习难度、伙伴的运动项目 → 对选择的运动项目进行大单元的深入学习 → 对运动技术达到熟练化程度 ← 课外强化练习 → 养成习惯为终身体育打好基础

图 6-18

八、成功式体育教学模式

(一)成功式体育教学模式的概念

成功式体育教学模式,简单来说,就是让学生对成功进行体验而采用的一种教学模式。具体分析可以得知,在体育教学过程中运用这种教学模式时,对教师指导作用的积极发挥是有一定要求的,从而对学生为达到目标的学习起到积极的引导作用,对于学生树立自信,体验成功,进而完成更高层次的目标是非常有帮助的。

（二）成功式体育教学模式的实操环节

成功式体育教学模式在体育教学实践中的具体操作程序如图 6-19 所示。

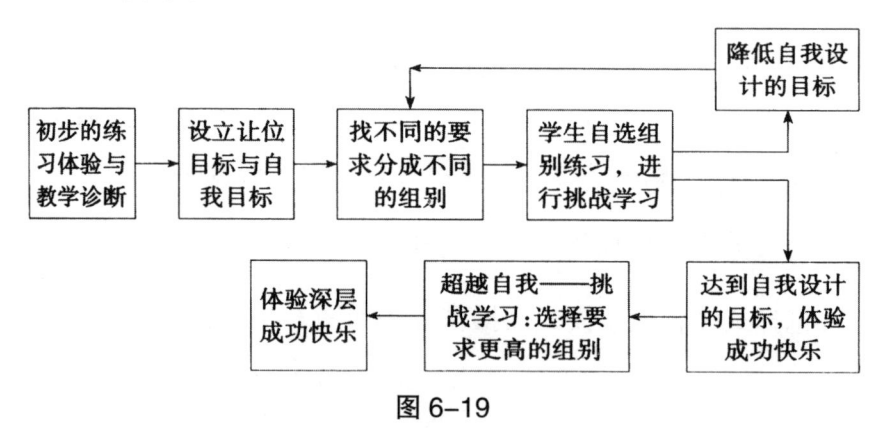

图 6-19

例如，在田径跨栏跑教学中为提高教学效果，采用该模式，操作流程如图 6-20 所示。

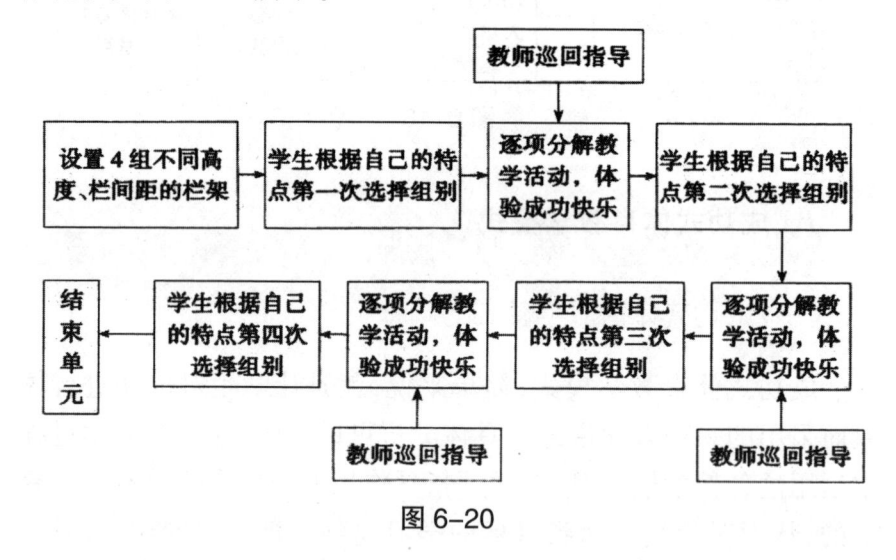

图 6-20

九、其他体育教学模式

除了上述这几个主要的体育教学模式之外，还有一些其他的新兴的体育教学模式，如以下几种。

第六章 互联网视域下体育教学模式的设计

(一)"三元一体"教学模式

这里所说的"三元"教学,就是指网络教学、课堂教学、正式比赛,所谓的"一体"即体育学习共同体,共同组成了"三元一体"体育教学模式。该模式的理论框架如图 6-21 所示。

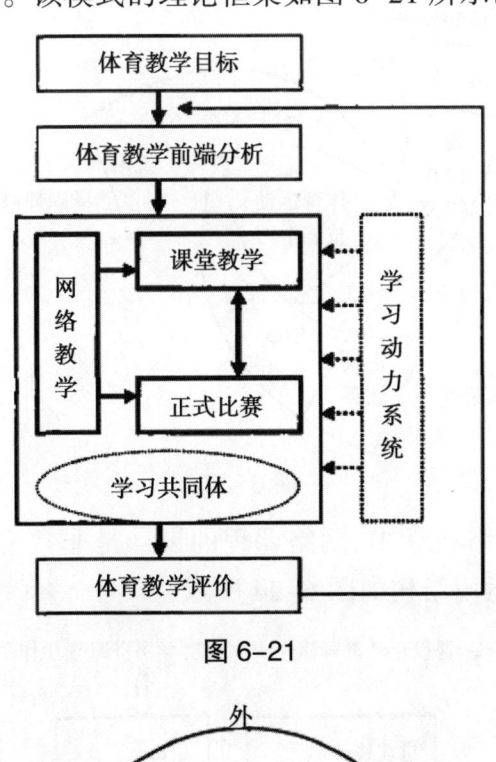

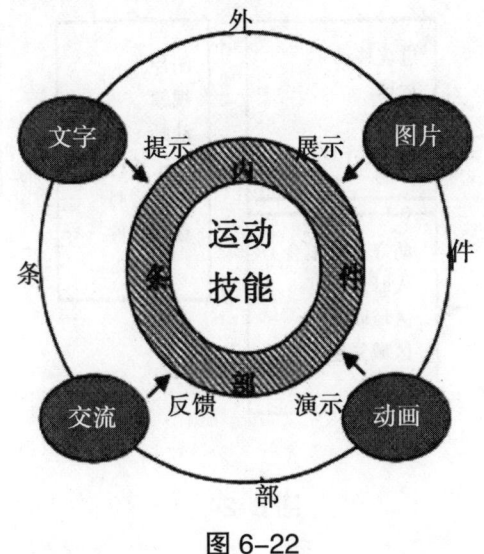

图 6-21

图 6-22

图6-22将网络教学在学生运动技能形成中所发挥的重要作用充分且直观地反映了出来。

"三元一体"教学模式中的正式比赛,通常会在课外的时候进行安排(图6-23)。

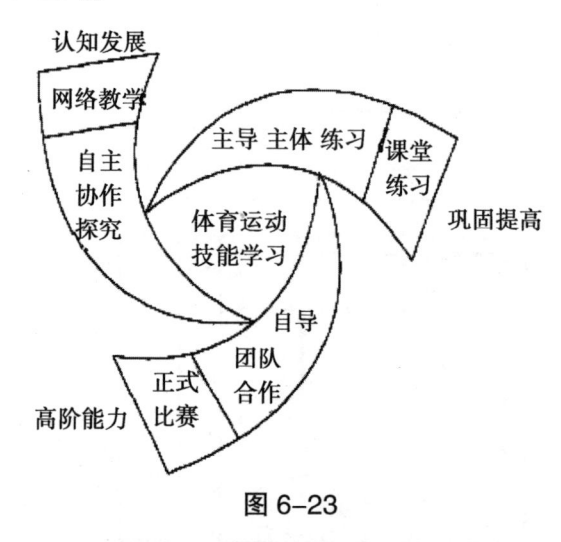

图 6-23

在体育网络教学中,网络课程的设计是非常重要的,以篮球教学为例,其运用结构如图6-24所示。

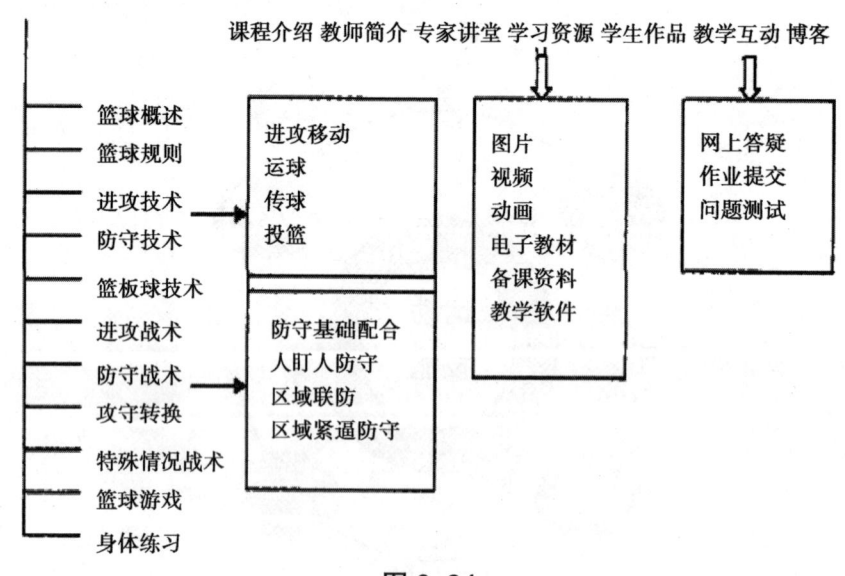

图 6-24

(二)结构—定向教学模式

所谓的结构化教学,指的是为了对学生"发生预期变化"及学生心理发展起到促进作用的教学,这种教学实施的实现,要遵循"构建学生的心理结构"为中心的原则。

所谓的定向教学,就是指学生的心理结构会对体育教学的最终效果产生直接影响,以学生的心理结构形成规律、特点为依据开展定向教学工作,以定向培养学生,从而使教学效果得以提高的教学过程。在体育教学中,这一模式主要表现为学生在技术动作学习中认知结构和动作技能的形成过程(图 6–25)。

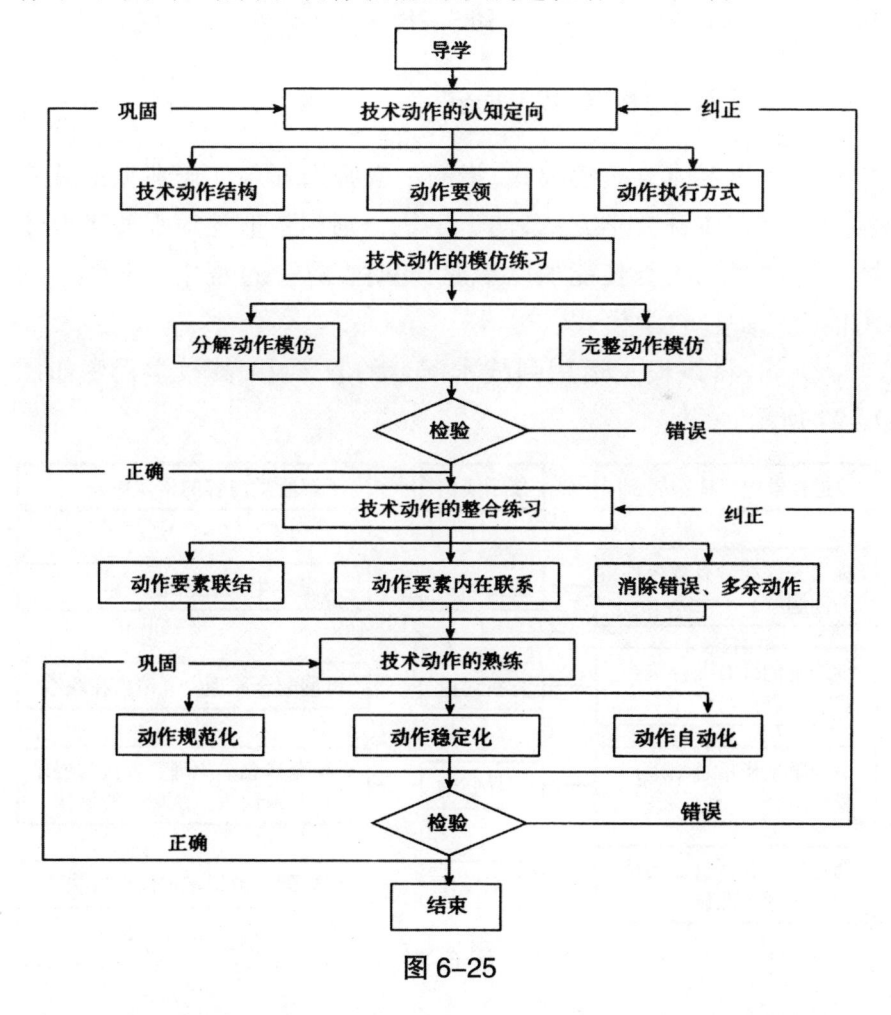

图 6-25

"结构—定向"教学理论对体育教学具有重要的指导作用,相应模式的教学程序如图6-26所示。

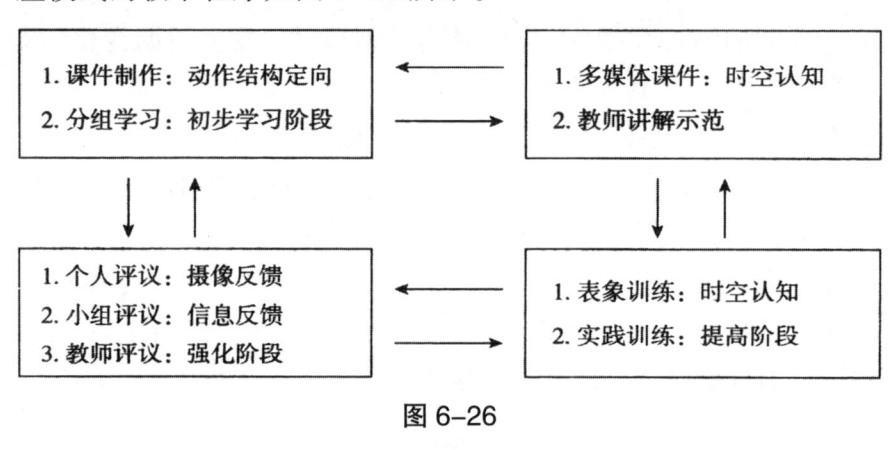

```
┌─────────────────────┐         ┌─────────────────────┐
│1. 课件制作：动作结构定向│ ←────── │1. 多媒体课件：时空认知│
│2. 分组学习：初步学习阶段│ ──────→ │2. 教师讲解示范        │
└─────────────────────┘         └─────────────────────┘
         ↑ ↓                              ↓
┌─────────────────────┐         ┌─────────────────────┐
│1. 个人评议：摄像反馈  │ ←────── │1. 表象训练：时空认知  │
│2. 小组评议：信息反馈  │ ──────→ │2. 实践训练：提高阶段  │
│3. 教师评议：强化阶段  │         │                     │
└─────────────────────┘         └─────────────────────┘
```

图 6-26

（三）案例学习体育教学模式

案例学习体育教学模式,指的是教师选择与实施典型的体育教学内容和体育教学方式,使学生从个别到一般地对那些带有规律性的体育知识与技能加以掌握,同时在这一过程中培养学生学习能力的一种教学模式。

例如,将该模式运用到战术配合的教学中,其教学程序如图6-27所示。

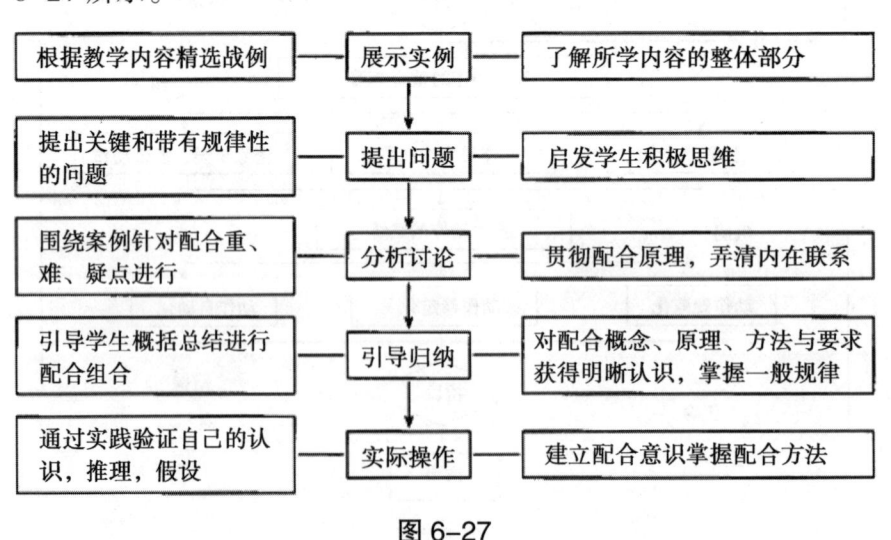

根据教学内容精选战例	展示实例	了解所学内容的整体部分
提出关键和带有规律性的问题	提出问题	启发学生积极思维
围绕案例针对配合重、难、疑点进行	分析讨论	贯彻配合原理,弄清内在联系
引导学生概括总结进行配合组合	引导归纳	对配合概念、原理、方法与要求获得明晰认识,掌握一般规律
通过实践验证自己的认识,推理,假设	实际操作	建立配合意识掌握配合方法

图 6-27

(四)运动教育模式

运动教育模式,可以简单地理解为,以运动的形式来促进学生体验的一种教育模式。通过进一步的分析可知,这一教育模式在游戏理论、团队学习理论、情景学习理论等的指导下,通过教师指导作用的发挥,来实施体育教学的设计和组织工作,并且通过合作学习和同伴学习的学习方法以及固定分组、角色扮演等组织形式的运用,在整个教学过程中以比赛为主线,给不同运动水平的学生提供真实丰富的运动体验的教育模式。

运动教育模式的基本特征如图 6-28 所示。

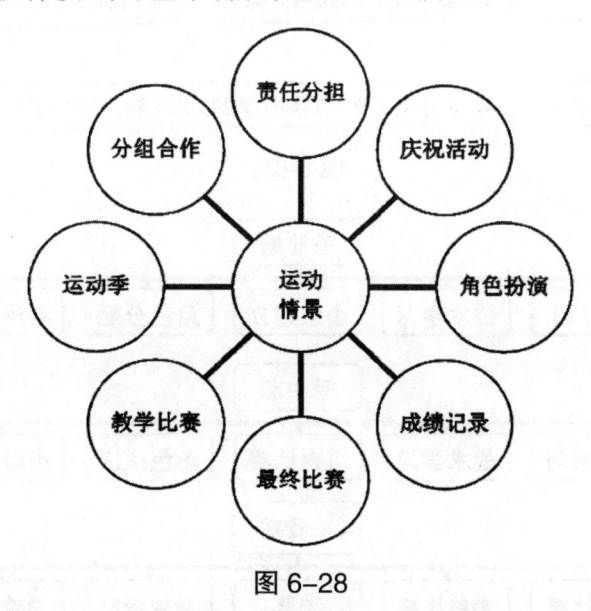

图 6-28

在体育教学中运用运动教育模式的教学程序如图 6-29 所示。

运动教育模式与传统体育教学模式之间是有所差别的,具体来说,传统体育教学模式是按教学单元实施教学的,而在运动教育模式的实施中,传统意义上的教学单元被由季前期、季中期和决赛期三个阶段组成的"运动季"取代。这三个阶段的教学工作如图 6-30 所示。

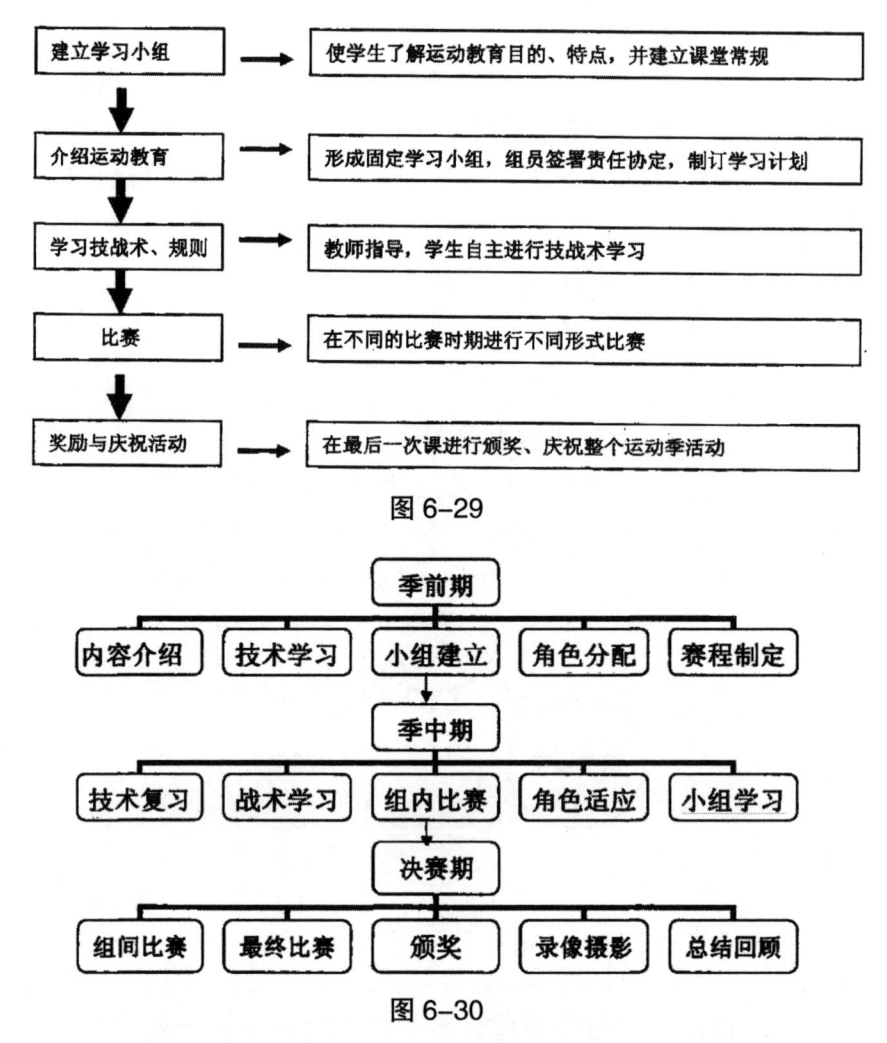

```
建立学习小组    →    使学生了解运动教育目的、特点,并建立课堂常规
    ↓
介绍运动教育    →    形成固定学习小组,组员签署责任协定,制订学习计划
    ↓
学习技战术、规则  →   教师指导,学生自主进行技战术学习
    ↓
比赛           →    在不同的比赛时期进行不同形式比赛
    ↓
奖励与庆祝活动   →    在最后一次课进行颁奖、庆祝整个运动季活动
```

图 6-29

```
                        季前期
    ┌──────┬──────┬──────┬──────┬──────┐
  内容介绍 技术学习 小组建立 角色分配 赛程制定
                        季中期
    ┌──────┬──────┬──────┬──────┬──────┐
  技术复习 战术学习 组内比赛 角色适应 小组学习
                        决赛期
    ┌──────┬──────┬──────┬──────┬──────┐
  组间比赛 最终比赛  颁奖  录像摄影 总结回顾
```

图 6-30

  在体育教学改革的推动下,运动教育模式在体育教学中的应用更加广泛。以网球教学为例,该模式的实践操作程序参考图 6-31。

第六章　互联网视域下体育教学模式的设计

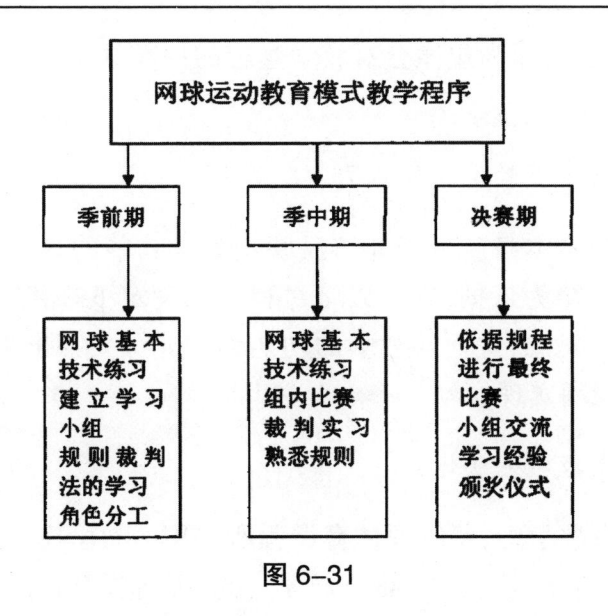

```
        网球运动教育模式教学程序
    ┌──────────┬──────────┐
   季前期       季中期       决赛期
  网球基本     网球基本     依据规程
  技术练习     技术练习     进行最终
  建立学习     组内比赛     比赛
  小组         裁判实习     小组交流
  规则裁判     熟悉规则     学习经验
  法的学习                  颁奖仪式
  角色分工
```

图 6-31

第三节　互联网视域下体育教学模式的设计与应用

一、互联网视域下体育教学模式的设计

（一）体育教学模式的设计步骤

在进行体育教学模式的设计时，要按照以下步骤进行。

1. 确定体育教学思想

体育教学模式的设计，首先要做的是体育教学思想的确定，其所参考的依据是反映体育教学思想相应的教育理论。体育教学模式要求具有思想指导，并具有理论基础。

2. 确认体育教学规律

任何事物的发展都要遵循相关的客观规律，体育教学模式也必须从体育教学规律入手，要将确定好的教学思想转化为体育教学的一般规律,因为规律会对教学过程的内在结构产生一定的牵制作用。

3. 确立体育教学过程结构

教学结构本身就具有能够反映出教学功能的显著作用。以体育教学规律为依据,则可以将过程结构确定下来,从而体现出相应的教学思想,进而将教学的功能作用充分发挥出来,保证教学目标的顺利实现。

4. 确定教学方法体系

在体育教学中,每一项体育课程所采用的教学模式和教学方法体系都是有所差别的。根据教学思想,要选择合适的教学方法体系,才能更具有可操作性,也才能将教学模式的功能性充分体现出来。

5. 明确模式的主要功能

这一步骤的重点在于检验体育教学模式的主要功能是否与教学思想相吻合,是否突出体育课的主题特色。

6. 确定适应范围

对于不同的体育教学模式来说,不仅在基础方面存在着不同,在使用范围上也有所差别。通常情况下,要想使体育教学模式与体育教学活动之间的适应性更强,针对性更加显著,将它的适用范围确定下来就至关重要。

7. 通过体育教学实践验证

体育教学实践,可以简单地理解为是体育课上课的过程。经过初步的实践之后,教师就能从中将既定的教学方式的优点和不足明确找出来,然后以此为依据,来对现有的教学模式进行有效的改进和调整,通过反复实践,使教学模式的完善程度越来越高。

（二）常见体育教学模式的设计

常见的体育教学模式有很多，不同教学模式在具体的设计上是有所差别的，具体如下。

1. 体育技能学习教学模式的设计

在设计这种教学模式时，参照的主线是掌握新技能，注重对学生在技能掌握效果上的评价。在体育教学过程的设计过程中，以让学生掌握动作技能的教学方法、教学手段和组织形式的设计为主。

2. 快乐体育教学模式的设计

体育运动给人所带来的运动乐趣并不是仅限于运动本身的，对于学生来说，从不同运动、同一运动的不同方面都能够获得一定的乐趣，由此可以得知，学生在不同的教学途径中都能感受到快乐，尽管快乐是不同的。

在设计该教学模式时，可以体现出的设计特点主要有：要设计一个或几个能够让学生体验到运动乐趣的环节，并且这些环节要相互衔接、层层递进，在整个过程中，学生能够对运动、尝试、配合、交流和创造等多方面的乐趣都有充分的体验。

3. 小群体学习体育教学模式的设计

在进行该体育教学模式的设计时，一定要对学生的分组加以重视，因为教学分组的情况会直接影响到最终的教学效果。在选择分组人员时，要让小组成员拧成一股绳，有着共同学习共同成长的愿望。通常来说，在体育教学中进行小群体学习可以参照的步骤为：小组比赛、小组探讨、小组代表发言和全班总结等。

4. 发展体能教学模式的设计

教师要以学生当前的体能状况为依据，发展以体能为主的教学目标,选择恰当的教学内容、教学方法、手段以及教学组织形式,安排足够的训练强度和运动负荷,在训练过后要对恢复性运动加以安排。

5. 情景教学模式的设计

在体育教学过程中,都是要不断进行改革的,这样才能推动其不断发展和完善,这是大势所趋,这就要求体育教师应该采取多种教学手段与方法,使用生活中的一些情景进行情景教学。

6. 创新体育教学模式的设计

在进行这种教学模式的设计时,首先,要对运动教材中的相关原理和知识进行归纳和整理,使这些知识和原理形成"问题串",并且要保证每个问题都有其验证、讨论和归纳的方法。在教学过程中,一般的可以分为几个学习阶段进行,比如,问题提出、验证学习、集体讨论、归纳问题、得出结论等,运动的学习和练习则紧密地穿插其中,采用多样化的教学方法。

7. 自主性体育教学模式的设计

这一体育教学模式的设计,主要目的在于激发学生的学习积极性。具体自主性的教学设计方案有很多种,有的让学生自主选择学习方法和动作内容,有的让学生进行自主的教学评价等,但共同之处是在所有教学环节中至少有一个能让学生发挥主动性。

8. 成功体育教学模式的设计

在教学过程中都会以某种项目的主要特点为基础,设计经过改造和创编的教学内容。采用的方法和手段主要有:"让位""相对评价""自我确定目标"等,通过比赛或者练习,让班里的所有学生都有表现机会,体验和享受到成功乐趣的活动。通过这些环节的设计,使每个同学都能找到适合自己的小目标,从惧怕和不喜欢这项运动转变为愿意参与这项运动,这样就能够将学生的学

第六章　互联网视域下体育教学模式的设计

习积极性充分激发出来,养成热爱体育的意识。

9. 选择式体育教学模式的设计

这种教学模式的主要特点在于自由程度比较高,并且针对性较强。在对该教学模式进行设计时,要围绕学生来进行,首选在学习形式上,可以是个人形式也可以是小组形式,总的宗旨是将学生的个性差异体现出来。在具体的设计中,可以针对不同教学对象的具体特点为依据,来设计一系列可供学生选择的教学小组合。

10. 领会教学式的体育教学模式的设计

这一教学模式的过程设计特点主要体现在教学方法的设计上,由此,能让学生从整体上了解和认识要学习的运动动作,然后对动作的细节要领进行强化,让学生对所学习的动作技能和体育活动项目能有一个快速而准确地领会。

二、互联网视域下体育教学模式的应用

(一)自主—合作—探究教学模式在体育教学中的应用

1. 自主—合作—探究教学模式的基本理论

(1)自主—合作—探究教学模式的概念

关于自主—合作—探究教学模式的概念,有一部分人提出了这样的观点,即在老师科学的指导下,为学生制订有效的内容学习和计划,通过及时监控和适时调节学习任务、学习过程等环节帮助学生进行创造性学习的教学活动。从其本质上来说,可以将其理解为是教师在课堂上以帮助学习为主,讲解为辅,实现学生认知发展和能力提升的一种教学模式。

(2)自主—合作—探究教学模式的特点

① 教学形式多样化特点。在自主—合作—探究教学模式的教学过程中,学生学习的方式主要有自主学习、小组合作、深入探

究等,与此同时,还要与自身实际相结合选择一定具有适应性的练习方式。除此之外,学生还要手脑并用,采取多种多样的方式,展开大胆想象和体验,运用发散性思维,丰富课堂教学内容。

② 教学方向的导向性特点。自主—合作—探究教学模式始终是以科学问题的导向为出发点。同时,这一导向性特点也体现在教师对学生发展的积极导向上。

③ 教学目的准确性特点。自主—合作—探究教学模式在学生学习主体地位方面是明确的,体育教学开展的依据是学生的实际需要、学习兴趣、学习体验、身心变化的特点等是明确的,培养学生体育锻炼习惯、健康意识、团结协作和终身体育思想的目的也是明确的。

2. 自主—合作—探究教学模式在体育教学中的应用

（1）存在问题

在体育教学中应用自主—合作—探究教学模式,主要是由于这一过程中存在的一些问题亟待解决。比如,学生自主学习的主动性不足;教师对该教学模式的学习和掌握水平不够;理论研究和实践积累方面较为欠缺;等等。[1]

（2）具体的优化策略

第一,要设立良好的学习情境,将学生学习的内部动机充分激发出来,并对学生进行积极的引导,使其能够达到自主学习的程度。

第二,合作学习的过程是需要关注的重点方面,除此之外,还要在教学过程中培养学生良好的合作精神。

第三,以问题为导向,引导学生在合作中探索未知,促进同伴互动交流、学习,将学生主动探究的欲望激发出来,最终取得预期的教学效果。

第四,教师在教学活动中的地位和作用都是不可替代的,不

---

[1] 范龙.自主-合作-探究教学模式在高校体育教学中的应用研究[J].武术研究,2020,5(06):129-131.

第六章　互联网视域下体育教学模式的设计

管采用什么样的教学模式,提高教师教学的业务水平和综合素质都是非常重要且必要的。另外,丰富综合性教学模式的研究成果也是目前较为迫切的课题之一,要加以重视。

(二)分组教学模式在体育教学中的应用

1. 分组教学模式的基本理论

在体育教学中应用分组教学模式,有着较为显著的应用价值,其直接价值主要从整个教学创新驱动上得到体现,间接价值则主要在多个教学目标达成和教学方法创新应用上得到体现。

从客观的角度上来说,分组教学模式的实际应用是有着较大难度的,其在教学层面上存在不足,这是制约分组教学模式应用的主要因素。对于一些教师来说,他们在分组教学模式运用上缺乏经验,科学分组就无法实现,同时,分组教学下的分组学习内容在明确上也存在困难。由此可见,对分组教学模式应用产生影响的制约因素较多,要想真正将其应用在体育教学中,破解相关难点性因素是必须要做的重要条件。

2. 分组教学模式在体育教学中的应用

(1)结合学生兴趣与运动能力等进行科学分组

在体育教学过程中应用分组教学模式,是在科学分组的基础上进行的,但是要注意的是,分组标准多,导致学生分组的复杂程度也更高。从体育实际教学中发现,分组时一定要参照学生兴趣与运动能力等具体标准来进行,这样能够有效帮助和支持体育教学中体育模式的运用。

(2)分组合作学习内容要参照教学目标确定

在体育教学过程中应用分组教学模式,首先要将分组合作学习的内容确定下来,这是分组教学模式教学价值凸显的重点。具体来说,就是体育教师需要围绕教学目标这一中心来将分组合作的学习内容确定下来,分组教学与教学目标两者充分结合起来。

通常来说,体育教学中的教学目标比较多,在分组教学模式下,教学形式有所变化。

(3)分组学习基础上强化针对性指导

在体育教学中应用分组教学模式时,教师需要在教学过程中为学生提供针对性的指导,从而以此充分发挥出分组教学的价值。不同学生所具备的体育素质是不同的,所掌握的体育知识和运动能力也存在差异性,而分组教学就是根据不同学生的学习特点和运动特征开展针对性的教学。对此,就要求体育教师不能固化地开展"一对多"教学,而是要结合教学实际进行教学互动、交流,在教学互动与交流中为学生提供针对性的指导。[①]

(三)互动学习模式在体育教学中的应用

1. 互联网背景下翻转课堂在学校中的普及和应用

以互联网为平台的新型教学模式,作为一种新的教学模式,其产生与信息技术的不断普及和发展,以及"互联网+教育"的融合有着密切关系。

开放性、自主性、灵活性、科技性等是以互联网为平台的新型教学模式的显著特点,因此在各个教育阶段及各科教学实践之中被应用和普及的速度非常快。利用"互联网+"将翻转课堂这一理念引入体育教学过程中,是教学"工具性"与"人文性"的合理统一,不仅能有效提升学生的自主学习能力,还能保证其自我安排学习进度。

2. 翻转课堂教学模式的方法

(1)搭建网络教学平台

翻转课堂并不单单指线上学习,课堂学习也属于翻转课堂的范畴,同时线上学习与教学进度之间的联系是非常密切的,与教

---

① 张广新.中学体育教学中分组教学模式的应用研究[J].考试与评价,2020(08):124.

学计划是相适应的。

在进行翻转课堂教学实践的过程中,促进与翻转课堂教学要求和管理相符合的平台搭建是非常重要且必要的,一般来说,采用的搭建模式主要为校企合作。除此之外,在搭建网络教学平台方面还需要学校管理部门的参与。

(2)促进师资队伍培训和能力提高

首先,要求教师能够熟练掌握和应用信息化技术,保证信息化教学能力是实现翻转课堂教学的主要内容和要求,需要老师能够熟悉和掌握基本操作,并能够进行教学资料的上传,设置教学班级,管理教学班级等。

其次,教师要具有网络课程教学资源开发能力并且持续提高,同时,还要有自主开发或是团队合作的能力,能对存在网络课程资源与实际情况不相符合的情况进行有效处理,完善教学资源。

最后,需要体育教师在完成学习和培训后,提高其在公共体育课堂教学现场运用翻转课堂模式的组织能力,科学合理地安排教学的各个环节。

(3)促进网络教学资源的开发利用

对于我国学校体育信息化教学发展来说,网络资源是重要的先决条件,因此,对网络资源进行开发是非常重要且必要的。相关人员认为现有的网络体育教学资源,其具有标准化意识相对较低、本位主义较为严重的情况,并且参与面相对较低,缺少创新性。因此,提倡将网络课程资源共建共享,并进行高效应用。但是调查发现,实际情况却并非如此,在相关工作的实际开展过程中,不同学校之间的差异性较大,在体育课教学计划差异性等方面,导致了教学内容差异化发展。在这样的状况下,要想提升课程开发质量,体育教学部门加强组织能力,促进教学水平,并根据具体的学期计划和教学目标,从学生的实际情况出发,制定相关标准,节省人力物力,促进课堂开发质量的提高是必不可少的重要途径。

（4）促进翻转课堂教学评价体系的构建

翻转课堂在进行教学活动重构的过程中，彻底改变了传统课堂教学流程、教学方式和教学结构等各个方面，也进一步将以学生为中心的教学理念突显了出来。因此，需要促进翻转课堂的建设，加强相应评价体系的建立，对教学质量进行保证。①

（四）胡格模式在体育教学中的应用

1. 胡格模式概述

胡格模式提倡让学生在"做中学、学中做"，通过训练来发展和提升学生的能力。具体来说，采用的教学方法也是多种多样的，比如，思维导图法、旋转木马法、小组拼图法、学习站等。要全面提升学生在未来岗位中所需要的两种能力——专业能力和非专业能力。②但从当前的形势来看，大部分的教育教学对学生专业能力培养的重视程度更高，而学生非专业能力的培养则通常被忽视掉。

2. 体育教学中应用胡格模式的重要性

在体育教学过程中应用胡格模式，是有着非常重要的意义的，具体表现在以下几点。

（1）通过理论知识与实操技能相结合的教学方式，能使学生的竞争合作能力和应用现代教育技术的能力都得到有效提升。

（2）通过胡格模式中卡片法、调查教学法、项目教学法和引导文教学法等进行教学，让学生在掌握知识和提升专业能力这一基础上，能进一步学到方法，掌握相关的学习方法，为了"任务"投入其中，学生的"身心投入"，才能完成教学活动。他们会去思

---

① 江燎.互动学习模式在大学生体育中的应用与研究[J].文体用品与科技，2020（10）：120-122.
② 文慧玲.胡格模式在高职院校体育教学中的应用研究[J].现代职业教育，2020（19）：224-225.

考、摸索、寻找解决方法,这对学生的独立思考能力是一种锻炼和提升。

（3）胡格模式的教学方法是有很多种的,其中,站位法、拼图法、旋转木马法、思维导图法、卡片法、魔法盒法等都是需要团队协作来完成的,这就要求学生在运用这些方法时,要具有认真思考的能力。另外,在学习的过程中,团队有了竞争合作意识,团队的集体荣誉感得到了体现,通过交流和沟通一起想办法解决问题,获得了成功的喜悦,团队之间的互助合作让学生的关系更加亲密,有利于提升团队协作,培养个体社会适应能力。

3. 胡格模式在体育教学中的应用

（1）创设良好的教学环境

让学生对体育课感兴趣,并不仅仅用内容去吸引,还可以创设良好的教学环境。体育课通常是在室外进行的,季节、天气的变化都会影响到上课情况。在教学中教师要以学生的年龄特点为依据,结合教材情况和学生情况,创设适合胡格模式教学方法和手段的教学环境,调动起热烈的体育氛围,给学生增添新鲜感,以达到疲而不厌、累而想练的效果,对体育课堂充满期待。

（2）关爱每一个学生,发现学生的优点

教师是人类灵魂的工程师,关爱学生是教师职业道德的重要内容之一。体育教师应该关爱、关注每一位学生,"三十六行,行行出状元",去发掘每个人的特长,使学生能够在课堂上将自身的优势充分发挥出来。

（3）让胡格模式融入课堂中

① 课前准备阶段胡格模式的应用

在上课之前,教师要对这一节课有一个全面的设计,比如教师提前安排组长任务,让组长组织学生根据下一堂课教学的内容,通过各种途径准备相关的资料和素材,资料和素材中要涉及动作要领、重点难点、易犯错误等,录制的规范性、正确性、准确性等都要有所保证。教师审核后,通过QQ、微信、学习通等网络平台分享给学生观看和学习,为课堂上教师和学生的教学活动创造了一定的条件。

② 教学过程中胡格模式的应用

进入课堂后,学生就是主角了,教师的任务则是积极的引导,由此来使学生通过胡格教学模式里适用的方法总结所学内容、讨论课前发现的问题,鼓励学生在班上、小组中勇敢积极发言,促使学生主动参与课堂讨论,促进独立思考、相互协作的能力,这对于学生掌握知识是有所助益的。

③ 课后反思与评价环节中胡格模式的应用

在课堂结束后,教师及时发出评价问卷,督促学生评价课堂,这对于改进教学方法、手段和难易程度等是有推动作用的;同时,有助于教师的因材施教,具体针对学生的反馈,与学生交流其不理解的地方;除此之外,还能通过学生之间的相互讨论、交流、练习,巩固学生的学习效果,并锻炼学生的沟通能力、概括能力、人际交往能力,培养团结协作及帮助他人的精神品质。

第七章　互联网视域下体育教学评价的完善

如今,各种互联网信息技术在社会各个领域都得到了广泛的利用,在学校教育中也不例外。互联网教学属于一种崭新的教学形式与手段,通过这一手段的运用能极大地提高学生学习体育的兴趣和积极性,培养学生自觉学习的意识和习惯,因而能取得理想的教学效果。在体育教学中,教学评价是非常重要的内容,以互联网为视角促进体育教学评价体系的发展与完善具有重要的意义和作用。

第一节　体育教学评价概述

一、体育教学评价的概念、类型与内容

(一)体育教学评价的概念

简单来说,体育教学评价指的就是对体育教学活动效果的评判。在这一评判过程中,评价者必须要依据一定的教学目标和评价标准做出合理的判断。体育教师根据得出的评价结果为主要依据来制定与调整教学方案或计划,这样才能有效提高教学质量和效果。

体育教学评价并不是盲目的,它是建立在一定的标准之上的,这样才能得出相对真实和客观的评价结果。总的来说,进行体育教学评价的目的在于改进教学质量,提高教学效果,从而促

进学生的全面发展。在具体的评价过程中,教师教学评价与学生学习效果评价是两个重要的部分,评价的重点在于学生的学习效果,关于这一方面,体育教师在评价时一定要高度重视。

(二)体育教学评价的主要类型

一般来说,体育教学评价主要包括以下基本类型。每一种类型都有自身的优势和特点,同时也存在着一定的缺陷,需要综合起来加以利用,这样才能取得预期的评价效果。

1. 定量评价和定性评价

依据评价方法,可以将体育教学评价分为以下两大类。

(1)定量评价

定量评价主要是对评价资料做出定量结论的评价,一般情况下,主要是从"量"的角度来分析相关资料和数据,从而得出相应的结论。这一种评价方式在体育教学中比较常见。

(2)定性评价

定性评价与定量评价有着较大的区别,这一评价方式主要是对评价项目的优劣程度或指标体系中项目要求的程度来表达的标准。与定量评价相反,它主要是从"质"的方面来评价体育教学效果。

实际上,以上两种评价方法各有优点和缺陷,在具体的体育教学评价中,要将以上两种评价方法结合起来使用,这样才能取得理想的评价效果。

2. 过程评价和结果评价

依据评价内容划分,体育教学评价可以分为过程评价和结果评价两种类型。

(1)过程评价

过程评价的适用范围非常广泛,这一评价主要是在体育教学过程中对学生接受情况、时间等总结性评价中进行。通过这一评价方式的使用,能得出相对客观和真实的评价结果,因而受到广大体育教师的青睐。

(2)结果评价

结果评价是指对体育教学活动实施后的效果评价。这一评价方式能充分发挥完成总结性评价的功能,能对学生的最终学习情况做出一个大体的评价。但需要注意的是,这一评价方式比较片面,需要结合过程评价方式才能取得理想的评价效果。

3. 诊断性评价、形成性评价和总结性评价

依据评价功能可以将体育教学评价分为以下三种类型。

(1)诊断性评价

诊断性评价先于体育教学活动开始之前,这一评价方式主要是对学生的学习态度、体育知识、体能与心理、运动水平等进行摸底测试,从而确定学生的综合水平。这一评价方式具有极强的针对性,能帮助体育教师初步了解学生的基本能力。

(2)形成性评价

形成性评价是指为获得良好的体育教学质量而不断进行评价的方式。通过这一种教学评价方式的使用,体育教师能及时了解学生的学习情况和教学效果,为及时调整教学方案或计划提供必要的事实依据。

(3)总结性评价

总结性评价主要是指对体育教学活动的总结和评价。这一评价类型主要应用于某一个教学阶段结束后。总结性评价非常重视教师"教"与学生"学"的结果,这一评价方式比较片面,需要结合形成性评价使用,否则就难以取得理想的评价效果。

4. 自身评价、相对评价和绝对评价

依据评价基准可以将体育教学评价分为以下三种类型。

(1)自身评价

自身评价主要是评价者对自身各方面能力做出的评价。只

有评价者自己能充分了解自身实际,因此通过这一评价方式,能得出比较真实的评价结果。根据这一评价结果制订和调整教学计划,从而提高自身运动水平。

(2)相对评价

相对评价是指在被评价对象的集合或群体中建立一定的基准,进而将各个对象与基准进行逐一比较,对群体中每一成员的相对优劣进行对比的评价。

这一评价方式的优点和缺点都比较明显。优点是甄别性较强,有着广泛的适用面;缺点是评价结果欠缺客观,不能单独作为体育教学的依据。

(3)绝对评价

绝对评价是指以体育教学的目标为主要依据,对体育教学设计方案、教和学的成果等进行的评价。这一评价方式也有一定的优点和缺点,优点是评价标准相对客观,能很好地反映学生的学习情况;缺点是可操作性不高,需要评价者具备较高的素质。

总之,体育教学评价的类型非常之多,评价者可以根据实际需求合理的选择。但需要注意的是,不存在万能的评价方式,需要将这些评价方式结合起来使用,才能获得理想的评价结果。

(三)体育教学评价的内容

1.教师对体育教学过程的评价

这一种评价主要有两种形式,一种是教师自评,另一种是教师互评。这两种评价形式在体育教学中都较为常用。为获得理想的体育教学评价效果,可以将这两种评价方式结合起来使用。

一般来说,不同的评价手段有着不同的评价标准,每一个评价标准都有一定的适用范围。如评价体育教师的备课情况时,要看其是否研究了教学内容和学生的具体情况,是否认真研究了教学目标、教学内容和教学方法,是否制定了合理的教学方案。而在评价体育教学组织情况时,就要看是否采用了适宜的教学手段与方法,体育教师采取的组织与管理方法是否合理。

2.教师对学生学习的评价

教师对学生的学习进行评价是非常普遍的一种评价方式,主要包括对学生学习过程的评价和学生学习结果的评价两种形式。

(1)对学生学习过程的评价,评价的内容主要包括学生的学习态度、技战术掌握情况、情意表现等。

(2)对学生学习结果的评价,评价内容主要包括学生在某一阶段内的学习成绩或学习效果,学生运动技能学习与掌握情况,学生应用技术动作的能力等。

3.学生对体育教师教学的评价

学生对体育教师的评价在体育教学中得到了广泛的应用。其作用如下。

(1)学生通过对教师的教学活动作出相应的评价,在这样的情况下,教师能准确把握教学重点和难点,便于体育教学活动的顺利进行。

(2)通过学生的评价,体育教师能清楚地看到自己的表现,有利于体育教师充分认清自身的不足,从而加以纠正,促进教学质量的提高。

4.学生对体育学习过程的评价

整个体育教学是一个动态发展的过程,在这一过程中,每一名学生的学习情况都存在着一定的差异。通过学生对体育学习过程的评价,学生能深刻认识到自身存在的不足,能有效培养自主学习的意识与能力,促进学生的全面发展。

5.其他方面的评价

随着学校教育的不断发展,体育教学评价的内容也日益丰富,除以上几种评价内容外,还有专家评价、家长评价、媒体评价等多种形式,这些评价方式各有特点和优点,需要结合起来使用,这样才能取得理想的评价效果。

二、体育教学评价的特征与价值

(一)体育教学评价的特征

在学校教育中,体育属于一门个性比较鲜明的课程,其教学评价也呈现出别样的特点。

1. 体育教学评价的动态性特征

受传统教育思想的影响,很长一段时间以来,我国就比较重视教师和学生的结果性评价,实际上,大量的实践与事实已经表明,这一评价方式欠缺客观性,不能很好地反映体育教学情况,需要结合其他手段使用。因此,体育教学评价的内容,要包括教学结果评价与教学过程评价两方面的内容,二者要有机统一起来进行。在具体的体育教学评价过程中,要看这一过程是否有利于达到预定的教学目的,而在评价结果时还要充分考虑评价过程中的各项因素,这样才能获得相对客观和准确的评价结果。

2. 体育教学评价目标的发展性特征

在体育教学评价中,体育教师要以体育教学目标为根本出发点和落脚点展开具体的教学评价活动,这一点需要给予高度重视。这是因为离开了体育教学评价目标,整个评价活动就会无的放矢,显得非常杂乱。受传统教育观念的影响,对于体育教学而言,一切教学活动都是为了帮助学生提高学习成绩和提升运动技能。这种评价方式在现代社会背景下是比较落后的,不能很好地促进学生的全面发展。因此,体育教学评价目标具有发展性的基本特征,我们也要本着发展的眼光看问题,力争创建一个科学的体育教学评价体系。

3. 体育教学评价主体的多元性特征

在当今学校教育背景下,教师与学生之间的联系日益紧密和频繁,这是学校教育发展的一个重要趋势。教师和学生都是体育教学的重要主体,在这两个教学主体共同参与的情况下,能实现良好的评价效果。在具体的体育教学评价中,要重视评价主体的多元化,力争获得客观的评价结果。

受传统教育思想的影响,主要存在着以管理者为主的单一评价模式,在这一评价模式下,学生始终处于被动地位,甚至出现畏惧评价的心理现象,导致教师不能及时准确地发现问题,难以得到真实客观的评价结果。由此可见,构建一个教师、学生、家长等共同参与的多元评价体系是尤为重要的。只有建立一个多元化的教学评价体系,才能为体育教师和学生的评价提供重要的帮助。

4. 体育教学评价方法的过程性特征

伴随着时代的不断发展,体育教学过程评价越来越受重视。这一种评价形式是全程跟踪学生的学习与表现情况,实时分析学生的优点与缺点,针对学生的这些学习情况进行细致地分析,给予学生有针对性的指导,这非常有利于体育教师及时修改与改进教学方案或计划,有利于体育教学活动的顺利开展,有利于体育教学目标的顺利实现。

在平时的教学中,体育教师要密切关注每一名学生的学习情况,及时给予相应的评价。可以通过口头评价的方式及时评价学生的学习情况和情意表现,有效激发学生学习体育的兴趣,促进师生之间和谐与完善,这非常有利于体育教学评价活动的开展。

另外,学生也可以通过记录体育学习过程的方式及时发现自己的缺点和不足,从而对自己的学习做出客观的评价。教师还可以将学生平时的成绩与期末成绩相结合,不能只关注期末考试成绩,也要重视平时成绩的评价,这种做法符合当今学校教育的要求,有利于学生的全面发展。

5. 体育教学评价方法的多样性特征

尽管如今的评价方式越来越多样化,但需要注意的是,并不是每一种评价方法都是万能的,它们都存在着一定的优点和缺点。因此这就要求体育教师在具体的评价活动中应以实际需要为主要依据,运用多种评价方式进行评价,以保证评价结果的准确性和可靠性。如体育教师可以在平时的教学中细致地观察学生的表现并做好必要的记录,制定成长资料袋,及时了解学生的变化情况,这样便能展开有针对性的教学与评价,从而提高教学质量,促进体育教学的发展。

(二)体育教学评价的价值

体育教学评价属于体育教学活动的重要内容,因此在体育教学中少不了体育教学评价活动。体育教学评价之所以重要,是因为其具有以下几个方面的价值。

1. 诊断价值

通过体育教学评价,体育教师能清晰地认识到自己的教学水平及教学中存在的问题,便于以后及时纠正和改进。某种意义上而言,体育教学评价就是对体育教学现状进行一次诊断,这一诊断工作的意义主要有两方面:一方面,通过对学生学习成绩的评估能对教学目标产生积极的影响;另一方面,能够为体育教师诊断学生的学习情况提供重要的帮助,从而促进学生的全面素质的发展。

2. 研究价值

在具体的体育教学实践中,要对收集到的相关资料进行细致的分析与测量,这就是体育教学评价的研究价值。这些资料具有一定的参考价值,主要表现在教学方法的衡量、教学课程的改进、学生身心发展评价等方面。

3. 检验价值

体育教学评价的检验价值主要体现在以下两个方面。

一方面,主要是检验体育教师的教学水平、学生的学习水平以及学生的全面素质。

另一方面,通过具体的体育教学评价活动,能推动体育教学质量的发展和提高。

4. 激励价值

激励也是体育教学评价一个重要的价值。通过体育教学评价,无论是教师的教学效果还是学生的学习情况都能很好地反映出来,教师通过评价反馈能清楚地认识到教学的不足以及需要完善的地方,而学生通过评价则能认识到自身哪些地方还需要学习和提高,建立学习的自信心。一个合理的教学评价体系能促进师生更好地参与整个体育教学过程,激发师生彼此间的互动与交流,这对于教学效果的提高有着重要的意义和作用。

5. 反馈价值

体育教学评价还具有重要的反馈价值。通过体育教学评价,体育教师能及时了解自己的教学状况,从而为调整教学计划或方案提供重要的事实依据。而通过教学评价所得出的评价结果,学生也可以及时发现自己存在的不足和各种问题,然后加以改进和完善。

在具体的教学过程中,体育教师要尽可能地采取各种手段与措施激发学生学习的积极性,这样才能有利于体育教学活动的顺利进行,通过教学活动,体育教师能获得良好的教学反馈。

6. 调控价值

通过体育教学评价活动,体育教师能获得客观的反馈信息,通过这些反馈信息,体育教师能及时地调整教学方案或计划,从而保证体育教学活动的顺利开展。由此可见,体育教学评价具有重要的调控价值。通过反馈出的各种信息,体育教师能及时有效地调整和修订教学计划,改进体育教学方法;而学生则可以适当调整学习策略,提高教学效率。作为一名体育教师,一定要充分利用好体育教学评价的这一调控价值,从而促进教学目标与任务的实现。

三、体育教学评价的目的

(一)提高体育教师的教学水平

在体育教学系统中,体育教学评价是非常重要的组成部分。通过体育教学评价,体育教师能清晰地认识到自身的不足,从而采取各种手段与措施解决问题,提高教学水平,保证体育教学活动的顺利进行。

(二)提高学生的体育学习兴趣

通过体育教学评价,体育教师能够获得自己想要的反馈信息,通过这些反馈信息,学生可以及时调整和完善学习计划,有利于促进学生学习能力的发展和提高,从而提高学习兴趣。

(三)提高体育教学科研水平

体育教学评价活动涉及各方面的要素,要想取得理想的评价效果,需要评价者事先搜集大量的数据和资料,这些数据和资料可以为研究者提供重要的研究依据。这对于体育教师研究体育教材、体育教学技术、体育教学方法等都具有重要的帮助,能有效提高科研水平。

四、体育教学评价的基本原则

体育教师在进行教学评价的过程中,除了会合理地运用教学评价手段外,还需要掌握一定的原则。这些原则主要包括全面性原则、科学性原则、指导性原则和客观性原则等几种。

(一)全面性原则

体育教学评价需要评价者遵循全面性的基本原则,在这一原则的指导下,无论是教师还是学生都要做到全方位、多角度的评价,避免出现以偏概全、以点代面的现象,只有这样才能得到真实客观的评价结果。体育教学系统非常复杂,系统包含诸多要素,主要表现为一个由多因素组成的综合体。鉴于此,就要求体育教师的教学评价和学生的学习评价要从多角度进行,不能忽视了任何一方面。另外,在具体的体育教学评价中,还要把握评价的主次,抓住主要矛盾和重点。与此同时,还要采用合理的教学评价方式,将各种教学评价方式综合起来利用,如此才能获得理想的评价效果,才能为体育教师的教学提供重要的依据。

(二)科学性原则

在具体的体育教学评价中,要严格遵循科学性的原则。这一原则要求评价者以客观规律为主要依据,确定一个合理的评价标准,得出良好的评价结果。体育教学评价的科学性主要是指评价目标和评价标准的科学化,以及评价方法和评价程序的科学化。这两个方面缺一不可。

1.教学评价要以体育教学目标为依据,确定统一合理的评价标准。

2.选择合适的评价工具,经过反复试验,在达到既定的指标后,才能在实践中应用。

3.选择科学、合理的统计方法与测量手段,正确处理各种评价资料和数据,以确保评价结果的准确性。

(三)指导性原则

在具体的体育教学评价中,评价者还要严格遵循指导性原则,这一原则是指将评价和指导有机结合,帮助评价者客观对待自己,从而展开有针对性的评价活动。

在体育教学评价过程中,贯彻指导性原则需要注意以下几个方面的要求。

1. 评价者要尽可能地收集大量的评价资料,然后进行细致的研究与分析,确保资料收集来源的可靠性。

2. 评价者要做到及时反馈,指导明确,避免拖沓。

3. 评价者的评价要有一定的启发性,留有余地和空间。

(四)客观性原则

伴随着学校教育的不断发展,体育教学评价的内容、手段也都得到了极大的丰富与完善,这是时代发展的必然。在具体的体育教学评价活动中,我们应坚持从实际出发,选择合适的评价方法和标准,这就是体育教学评价的客观性原则。如果违背了这一原则,就很有可能导致评价结果不准确,这对于体育教学质量的提高是非常不利的。

第二节 体育教师教学与学生学习评价

一、体育教师教学评价

(一)体育教师基本素质的评价

在体育教学中,体育教师具有十分重要的地位,体育教师对整个教学活动起着重要的指导作用。因此作为一名体育教师,一定要在平时注意提高自己的综合素质。通常来说,这些综合素质主要包括政治素质、知识结构素质、能力结构素质等多个方面,一定要在平时的教学过程中加强这几项素质的培养和提高。

第七章　互联网视域下体育教学评价的完善

1. 政治素质

体育教师的政治素质会对其今后的职业生涯产生至关重要的影响。体育教师所要具备的政治素质主要包括思想道德修养、工作与学习态度、教书育人、遵纪守法、为人师表、文明行为习惯等几个方面。在评价的过程中，一定不要忽略。

2. 能力结构素质

能力结构素质也是体育教师评价的主要内容，体育教师的能力结构素质主要包括以下几个方面。

第一，体育教学工作能力。

第二，组织与管理体育教学活动的能力。

第三，出色的语言表达能力。

第四，指导与管理学生的能力。

第五，设计与开发体育教学资源的能力。

第六，体育教学创新意识与能力。

以上是体育教师主要的能力结构，在进行评价的过程中，要着重对以上几个方面进行评价。

3. 知识结构素质

作为一名体育教师，必须要具备扎实的知识结构，这是提高教学质量的关键。一般来说，体育教师的知识结构素质评价主要包括以下几个方面的内容。

第一，扎实的体育专业知识。

第二，基本的体育理论与常识。

第三，体育教育学、运动生理学与心理学理论等各学科理论基础。

第四，体育教学实践能力。

4. 身心素质

体育教师还必须要具备良好的身心素质,这是体育教师组织与管理体育教学活动的关键。

(1) 身体素质

体育教师的身体素质不仅包括各种运动能力素质,而且还包括体育专项技术领域的能力。体育教师身体素质的好坏会对学生的体育学习效果产生至关重要的影响。因此在体育教学评价中一定不要忽略了这一方面的评价。

(2) 心理素质

作为一名合格的体育教师,必须要具备良好的心理稳定性,这样能潜移默化地对学生产生积极的影响。体育教师需要具备的心理素质主要包括敏锐的观察力、缜密的思维能力、良好的教学态度等。

5. 教师自身发展的素质

现代社会的发展速度非常之快,体育教师一定要跟上时代发展的潮流和节奏,这样才能与时俱进地促进学校体育教学的发展。一般情况下,体育教师自身发展的素质主要包括以下几个方面的内容。

第一,运动理论的理解与接受能力。

第二,不断学习知识与技能的能力。

第三,体育教师的发展潜能。

第四,体育教育的创新意识与能力。

(二) 体育教师基本教学能力的评价

要想成为一名出色的体育教师,必须要具备基本的教学能力,这是教学活动顺利开展的关键。体育教师教学能力的强弱对学生学习成果和教学效果有直接的影响。为此,必须全面评价体育教师的教学能力,全面提高其业务能力。

第七章 互联网视域下体育教学评价的完善

1. 讲解示范能力的评价

讲解与示范是体育教师应具备的一项重要的教学能力。大量的研究与事实表明,教师的讲解示范能力将直接影响着学生学习知识的获得程度。另外,教师的教学技能与学生学习成绩的提高有着直接相关的关系。在体育教师的评价中,不仅要重视教学技能的评价,还要注重职业技能的评价,要将两方面结合起来进行。

在具体的体育教学评价中,体育教师的讲解与示范应做到以下几点。

(1)清晰、简洁地传达各种教学信息。

(2)做出正确、完美的示范动作。

(3)语言的运用富有趣味性。

2. 教法与组织能力的评价

作为一名出色的体育教师,还必须要具备良好的教学组织能力,在评价体育教师这一方面的能力时,主要从以下方面进行。

(1)教法评价

①体育教师选择的教法是否符合教材的规定。

②选择的教法是否符合学生的身心规律与特点。

③选择的教法是否与教学环境相符合。

④选择的教法是否有利于教学活动的开展。

(2)组织能力评价

在具体的评价中,我们可以从以下几个方面评价体育教师的教学组织能力。

①教材内容的组织是否符合教学规律。

②教学组织形式之间的匹配是否合理和有效。

③教学媒体的利用是否合理,是否与教学内容相符,是否能提高教学效果。

④体育课堂教学结构是否合理,是否有利于学生的学习。

（三）体育教师课堂教学活动的评价

体育课堂教学过程主要由准备阶段、基本阶段和结束阶段三个部分组成。

1. 准备阶段的评价

体育教学的准备阶段以导入学习状态，说明教学目的，创设学习情境、氛围，引起学生兴趣等目的为主。

在具体的评价中，可以从以下几个方面展开评价活动。

（1）队伍集合能否激发学生学习体育的兴趣。

（2）是否安排合适的热身活动。

（3）是否达到了"寓导于乐"的教学要求。

2. 基本阶段的评价

体育课堂教学的基本阶段主要以学习新知识、复习旧知识为主要任务。

在具体的教学评价中可以从以下几个方面进行。

（1）教学场地器材的安排是否合理。

（2）教材的安排是否与教学顺序相符。

（3）教学活动中教师是否运用了多样化的教学手段与方法。

（4）教师组织的教学活动能否促进学生体质、技能、品德的共同发展。

3. 结束阶段的评价

体育课堂教学的结束阶段以学生身心恢复到课前状态为主要任务，主要包括放松活动、小结、布置课外作业、归置器材等内容。

具体来说主要体现在以下几个方面。

（1）放松活动的组织安排是否合理，并形成了一种习惯。

（2）"以学生为本"的教学思想是否在课堂中得到了体现。

（3）学生是否养成课后收拾运动器材的习惯。

二、学生学习评价

（一）学生在体育教学中的地位与表现

1. 学生在体育教学中的地位

（1）学生是体育学习的主体

教师和学生都是体育教学活动的主体，我们所说的以人为本，主要指的是以学生为本，以教师为本。但是，两个主体所处的环境是不同的，教师是体育教学中起主导作用的主体，其主要职责在于"教"，而学生则主要为了"学"。因此，在体育学习中，学生是最为重要的主体，一切活动都要围绕学生进行。

（2）学生是体育教师的合作者

在体育教学中，有很多项目动作是需要体育教师和学生共同来完成的，比如篮球、乒乓球、排球等集体性运动项目的动作教学，因此，只靠教师的教是无法达到教学目的的，需要师生间的密切配合。因此说学生是体育教师的合作者，只有二者相互交流与合作才能实现体育教学的目标。

（3）学生是体育文化的继承者和创造者

在体育教学中，学生需要不断汲取体育相关知识，比如体育文化知识，对体育的理解和感悟也不断更新升华，形成创新性的体育文化。与此同时，学生在体育文化方面也要具有一定的创造力，从而更好地传承和发展体育文化。

2. 学生主体性在体育教学中的体现

在体育教学中，学生占据着重要的主体地位，通常来说，学生的主体地位可以从以下几个方面得到很好的体现。

（1）对教育影响的选择性

教师的教育影响，并不能让学生全盘接受，只有那些与学生自身的特点和需求相符的教育影响,才能为学生所接受。学生有根据主体意识,积极地或消极地进行选择的权力。

(2)学习的独立性

学生本身具有个体化特征,这就决定了其在学习起点、学习的目标与追求、制约学习的个性心理特征等方面也有所差别。因此,就要求体育教学中教师要严格遵循因材施教的基本原则,促使每一名学生都能得到很好的发展。

(3)学习的主动性

学生学习活动的主动性、自觉性是学生学习主体性的本质体现,体育教师的教学活动要建立在学生对体育学习的自觉、主动、自我追求的基础上。

(4)学习的创造性

学生在体育教学任务的方式、方法、思路以及对问题的认识等方面的完成与实现,与教师所教的内容或方法并不是存在着完全的关系的,其中,也能将学生的一些创新性和创造性体现出来。因此,体育教师要在认同这种创造性的同时给予学生必要的鼓励,鼓励学生积极创新,提高自己的创新意识与能力,这对于学生综合素质的发展是非常有帮助的。

3. 学生主体性发挥需要具备的条件

学生在体育教学中的主体性地位日益重要,其主体性的发挥通常需要具备以下条件。

(1)教师的教授目标与学生的学习目标相协调

在具体的体育教学过程中,体育教师首先要将体育"为什么教"的问题明确下来,要充分理解社会对体育教育的要求和期待,让学生最终能够获得理解能力、学习能力、领悟能力等。但是这些并不是全部,还要求体育教师将教授的目标转化成学生学习的目标,这样才能便于学生学习。

(2)教师和学生共同拥有体育教材

体育教材是体育教学活动的重要教材,因此不可忽视。要使学生在学习过程中始终对所学内容的文化体系和技能体系有个概观,同时对本教材目标与总目标的关系、本教材的科学教程、本教材的重点、本教材的难点以及本教材与自己身心发展之间的联系等有充分的了解,只有这样师生才能更好地投入教学活动之中。

(3)教学情境应该自由民主

要想提升体育教学的效果,必须要创设一个良好的教学情境。作为一名合格的体育教师,必须要做好这方面的工作,以此来对学生大胆地好奇和探索进行激发,激发学生提出各种各样的问题。民主性能够从尊重学生的人格,理解他们的学习基础和原谅他们在学习中的缺点和错误等方面得以体现。

(4)教师对学生的学习方法要足够重视

在具体的体育教学中,要充分发挥学生的主体性,就必须让学生在"学习方法"上具有自主性。当前,体育教师的一个重要任务就是积极转变学生的学习方式,使学生的被动学习转变为主动学习,这样才能有效地提高学生的学习效率。

(二)学生学习评价的内容与方法

1. 体能评价

体能评价指的是以体能为指标进行的评价,体能是学生参加运动锻炼以及其他一切活动的基础。一般情况下主要测评学生的肌肉力量与耐力、柔韧性、心肺功能等几项体能素质。

在评价学生的体能素质时,选取的评价指标及方法也不同,如分别用引体向上、仰卧起坐来测试男生和女生的肌肉力量,用1000米跑、800米跑分别测试男生与女生的心肺耐力,用体前屈、坐位体前屈测试学生的柔韧性素质。

2. 健康行为评价

一般来说,学生的全面健康主要包括身体健康、心理健康和社会适应健康等方面。营养、生活方式、环境、体育锻炼情况等是影响学生身心健康的主要因素。在体育教学中,应在学生掌握各项运动技能的同时开展健康专题教育,将学生的健康行为纳入评价内容体系中,促进学生的健康成长。

在评价学生的健康行为时,需要注意以下几个方面。

（1）是否注意个人的卫生。

（2）能否维护好公共卫生。

（3）是否有不良生活习惯。

（4）能否自觉遵守作息制度。

（5）运动锻炼的安全是否有保障。

3.学习态度评价

学习态度评价也是学生学习评价的重要内容。学生学习态度的评价主要是看学生是否具有强烈的学习欲望,是否具有高涨的学习热情,是否具有较强的专注性,是否具有主动学习的意识和习惯等。这些都是学生自信心的深刻表现、良好情绪和意志力的表现以及合作交流的表现等。

4.知识与技能的评价

（1）知识评价

一般来说,学生体育知识学习的评价主要包括人体科学知识、体育理论知识、社会学知识、美学知识、心理学知识和知识认识评价等方面的内容,具体的评价内容见表7-1。

表7-1 学生体育知识学习的评价

知识类型	评价内容
人体科学知识评价	（1）人体生理各项变化的基本规律（2）运动卫生与自我保健（3）运动适应性与运动处方（4）体育锻炼对人体的各种影响
体育理论知识评价	（1）能否了解和熟悉世界体育史（2）能否具备良好的理论知识与运动技能（3）能否具备一定的体育比赛欣赏能力
社会学与美学评价	（1）能否了解体育对人成长的影响（2）能否了解体育的社会价值与魅力等

续表

知识类型	评价内容
心理学知识评价	（1）能否了解体育对心理健康产生的影响（2）能否了解和掌握心理障碍的调节方法
知识认知评价	能否理解知识对未来生活的重要意义

（2）运动技能评价

运动技能是学生学习评价的最为重要的部分。运动技能可以说是学生完成学习任务和运动锻炼的重要载体。关于学生运动技能的评价主要是看掌握运动技能的质量如何。通过运动技能的评价能有效激发学生学习的积极性，促进自身素质的全面发展。

5.情意表现与合作交往的评价

（1）情意表现的评价

情意表现也是学生评价活动的重要内容，这一评价内容的主要目的在于帮助学生养成积极向上、乐学与好学的好习惯。其中学生的学习态度评价也是重要的一方面，同时还要评价学生能否克服困难，正确面对教师的批评等。

（2）合作交往的评价

在平时的体育教学过程中，学生要养成尊重同学的良好行为，互帮互助、相互提高。对学生进行合作交往评价的主要目的在于让学生正确处理竞争与合作之间的关系，帮助学生解决困难，走出困境，培养学生积极的社会责任感，这样学生在毕业后能迅速适应社会，提高自己适应社会的能力。

第三节 当前常见的体育教学评价手段

关于体育教学评价的手段，最为常用的主要有观察、问卷和测验等几种，这几种评价手段在体育教学中都得到了广泛的运用。实际上，这三种评价手段都有着不同的适用范围，需要根据具体的实际情况合理选择。如果将这三种评价手段综合起来利用,通常能取得不错的教学评价效果。

一、观察

观察是一种重要的体育教学评价手段,通过对评价对象有目的、细致的观察,获得大量的评价资料。这些评价资料对于评价者而言是极为珍贵的,能为评价者的评价活动提供真实的依据。例如,在平时的体育教学中,体育教师要想更好地了解学生的学习态度、学习情况,就需要深入学生之中进行实地观察,充分了解每一名学生的学习特点与学习水平,这样才能为体育教学评价提供真实客观的事实依据。

观察可以说是评价者搜集各种评价信息和资料的重要手段,通过这一手段的利用,评价者能获得评价对象的丰富心理活动状态资料,从而为评价活动提供客观的事实依据。这种通过实地观察而获得的第一手的资料是其他评价手段难以实现的,因此这一评价手段受到评价者的高度重视。

二、问卷

问卷也是一种非常重要的体育教学评价手段。这一评价手段是指体育教学评价的主评人员利用书面形式向被调查者提出预先设计好的问题,要求被调查者回答问卷中的各项问题,最终获得评价信息的手段。问卷这一评价手段主要是通过书面形式获取信息和资料的,评价者在制定问卷时一定要本着客观实际的原则进行,制定的问卷一定要具有可操作性,符合被调查人员的心理预期,便于他们进行操作。

问卷这一评价手段在体育教学评价中得到了非常广泛的运用,通常能获得理想的评价结果。问卷评价手段的特征主要表现在以下三个方面。

第七章　互联网视域下体育教学评价的完善

第一,评价人员的隐蔽性,问卷这一手段能很好地隐藏评价人员的信息,从而能确保调查信息的真实性和客观性。

第二,问卷取样的广泛性,问卷这一手段能有效提高获取信息的效率,同时还有着取样广泛性的特点,由于取样范围较广,因此得到的数据就更加具有代表性。

第三,问卷这一评价手段还具有时间范围可调节性的特点,因此这一评价手段有着很强的灵活性,便于评价者操作。

三、测验

测验是指利用考试、技评以及达标等途径,全面搜集学生的学习态度、学习行为的综合结果的重要途径。同时,测验也是一种有组织、有计划、有针对性的获取大量的评价信息和资料的评价手段。在当今的体育教学评价中,这一手段也得到了广泛的运用。

测验这一评价手段主要包括以下几个方面的内容。

(一)体育理论知识的测验

在具体的体育教学中,学生不仅要学习体育运动技术,还要学习体育常识、体育文化知识、竞赛规则、运动卫生等各方面的知识。在对学生进行测验时,要全面地评定学生灵活运用知识的能力。通常来说,常用的测验方式主要有笔试、试卷或者口试等几种。

(二)身体素质测验

人的身体素质主要包括速度素质、力量素质、耐力素质、灵敏素质以及柔韧素质等多方面的素质。这几项素质对于人的体能发展而言都具有重要的意义。在具体的体育教学过程中,身体素质的测验至关重要,要将这一方面的测验充分贯彻于体育教学过程之中,从而得出真实的客观依据。

（三）运动技术的测验

在体育教学中，少不了技术动作的习练，不论是一般技术动作的习练还是专项技术动作的习练，学生都要熟练掌握，并通过反复不断的练习提高运动水平。运动技术测验就是指依据技术动作的基本规格，准确客观地测评学生的技术动作状况。通常情况下，这一测验手段主要包括以客观测量数据为主要依据的客观测验和技术动作质量的技术评定两种形式。在体育教学评价测验手段中，这一测验形式是必不可少的。

（四）体育情感行为测验

与动物不同，人的情感是丰富多彩的，针对不同的情境人都会表现出不同的情感行为反应。一般情况下，人的情感行为主要包括兴趣、态度、动机、个性以及群体行为等各方面的内容。体育教学在一定程度上会受到参与者情感行为的影响，同时体育教学也能够作用于人的情感行为。一般来说，量表是测量情感行为的主要工具。

第四节 互联网视域下体育教学评价的应用

在互联网视域下，体育教师要密切结合具体的教学实际合理安排教学评价活动，除了按照既定的评价方案进行评价外，还要不断创新，将创新的手段应用于体育教学评价之中。本节重点阐述体育教学评价的注意事项与应用对策。

一、体育教学评价的注意事项

作为一名合格的体育教师，一定要制定一个科学、合理的教学评价标准，否则会在很大程度上影响体育教学的质量。在体育

第七章　互联网视域下体育教学评价的完善

教学评价具体的应用过程中,需要进行适当的改革与创新,在具体的创新与应用过程中,需要注意以下几个方面的要求。

（一）不断完善体育教学评价机制

一个良好的体育教学评价反馈机制对于评价效果的取得具有重要的意义。因此,体育教师在平时的教学中要注意采取各种手段与措施完善体育教学评价的机制。从传播学角度来看,信息的传播是在一个系统中进行的,传播信息的人同时也接收到信息,通过获取接收到的反馈信息,能够对传播活动进行调节,以便更好地开展各种各样的传播活动。在体育教学中,评价反馈机制也具有非常重要的作用。

在具体的体育教学评价过程中,应建立多条信息反馈渠道,保证评价主体能够得到有效的评价信息。除此之外,还要进一步丰富评价的反馈内容,全面改进体育教学质量和效果。要建立一个科学和完善的体育教学评价反馈监督机构,对体育教学效果实时进行反馈。这样体育教师才能根据反馈结果及时地调整与优化教学方案。

为保证体育教学评价活动的顺利进行,就要制定相应的规章制度,这样才能对体育教学评价活动起到重要的约束作用。需要注意的是,在建立相应的规章制度时,应总结以前的经验教训,同时还要注意听取各方面的意见,不断地完善规章制度,将其充分贯彻于体育教学活动之中。

（二）实施多方位评价

在传统的体育教学评价中,学生始终处于被动地位,其主体性的地位没有得到彰显,这与"以人为本"的教学理念是相悖的。在具体的体育教学中,体育教师要做好全面的调查,详细了解学生的身体能力、运动基础和学习状况等,以学生的实际表现为主要依据展开具体的评价活动,这样才能保证体育教学目标的顺利实现。伴随着体育教学活动的逐步进行,体育教学目标也会发生一定的变化,体育教师就需要根据这一发展变化选择合适的体育教学内容和方法,合理地组织体育教学活动。为保证体育教学活动的顺利开展,体育教师要依据运动参与、运动技能、身体健康、心理健康和社会适应等几个方面确定体育教学评价的内容,保证体育教学评价活动的顺利开展。

(三)通过"学习小组"促进学生协作能力增强

在体育教学中,以"学习小组"为被评价单位这一形式非常常用。这一评价的内容主要有队形队列练习、小组比赛、早(课间)操等,通过这些活动的进行,小组内成员之间能加强彼此间的交流与合作,提高团队意识与能力,这对于促进学生社会适应能力的提高也具有非常重要的意义。由于学习小组内的学生成绩具有统一性的特点,每个人的学习表现都会对整个小组产生重要的影响,所以小组内成员之间都会进行积极的监督学习。这有利于形成良好的学习氛围,同时也能有效激发学生自觉参与体育教学活动的意识和行为。

(四)评价学生的标准由单一向综合转变

体育教学系统非常复杂,在这一系统中,往往存在着大量的不确定性因素。在具体的教学中往往会出现这样一种情况,有些学生由于先天性的运动基础较好,不用好好学习就能取得理想的学习成绩,而一些先天条件较差的学生即使非常刻苦的学习也难以跟上那部分学生,这就会对学生产生消极的影响。因此,在具体的体育教学评价中,一定要改变以往单一的评价标准,评定学生的运动成绩时要综合考虑,要结合学生体质健康标准、学生学习水平、学习态度、学习表现等进行综合的评价,从而得出客观的反馈信息,这样才是科学的体育教学评价。

(五)对体育课特有的教学环境资源积极进行开发

受传统教育思想观念的影响,我国大多数学校往往只重视升学率和学生的文化课成绩,体育课受到一定的忽略。总体而言,体育课处于一个相对弱势的地位。体育课还有自身的优势,那就是其具有得天独厚的课程资源。

在新的时代背景下,体育课程改革的步伐不断加快,由以往的重视学生身体素质、运动水平开始向着提高社会适应力、提高团队协作意识与能力的方向发展。体育课教学环境、教学载体逐渐呈现出多样化的趋势,在这样的情况下,学生的社会适应力以及团队合作意识都得到了有效的提高,学生也能有效提升自身的发展水平,取得显著的进步。

(六)综合运用过程评价与结果评价

以往,受传统教育思想的影响,体育教学评价仅仅只重视学生学习结果的评价,忽略了学生教学过程的评价,这种评价方式是非常不客观的,难以获得真实的评价结果。这种评价方式也无法充分发挥自身的积极反馈作用,难以激励学生积极主动地学习体育,体育教学质量和效果难以保证。

在新的时代背景下,在互联网视域下,体育教师要学会多种评价手段的利用。通过各种信息化评价手段得出合理的教学评定,并及时把评价结果反馈给学生,使学生全面地认识自己的学习能力和水平,这就是过程性评价。这一种评价手段有利于端正学生对整个练习过程的态度,提高学生的练习积极性与主动性,对于那些先天身体素质较差但很努力练习的学生也是比较有利的,也能激发他们学习体育的兴趣和积极性,从而更好地提高自己的学习成绩与学习能力。

二、互联网视域下体育教学评价的应用途径

为促进互联网视域下体育教学评价活动的顺利开展,需要体育教师采取以下几个途径,这样便于取得理想的评价结果。

(一)关注个体差异,设置多种评价形式

如今互联网技术在体育教学中得到了一定程度的利用,也取得了明显的成效,为此我们可以将教学评价建立在"互联网+"的基础上,对学生实施评价,在实施评价的过程中,要关注学生的个体差异性,设置各种类型的评价形式。

为了保证评价活动的顺利进行,体育教师事先要对学生的具体实际做好充分的调查与分析,充分了解学生的运动基础、学习兴趣和学习能力等,以这些为基本的依据,制定一个客观的、多元化、差异化的评价标准,这一评价标准能客观地反馈出学生的综合能力和发展潜力。除此之外,还可以根据学生的体育基础展开差异化的评价,这样更能激发学生学习的兴趣和体育潜能,促进学生综合素质的发展和提高。

(二)建立体育网络成长档案袋,评价方法过程化

评价应建立个人体育网络成长档案袋法的评价方法。体育网络成长档案袋是对学生在教学过程中的实际信息的收集,旨在直观地反映学生的努力、进步和成就,是由教师和学生系统性、组织性地收集学生在学习过程中的各种网络信息,能确保整个体育教学评价活动的顺利开展。另外,体育教学评价中的档案袋记录法,又能帮助学生更好地认清自己,建立学习体育和参加体育锻炼的自信心;同时还能帮助教师充分了解学生的个体差异及不同体育需求。

另外,利用互联网技术建立学生成长档案袋时,可以设置两个档案袋,一个由学生自己增删信息并且保存;另一个则设立在体育数据库中,便于体育教师查阅,这对于体育教学评价活动的开展都具有重要的意义和作用。

(三)利用"互联网"技术评价结果及时反馈

在体育教学评价中,为保证取得理想的评价效果,必须要保

第七章 互联网视域下体育教学评价的完善

证一个准确客观的评价结果反馈。通过必要的反馈信息,体育教师能发现教学中存在的各种问题,从而采用各种信息化教学手段指导学生积极地参与体育教学活动。通过信息化教学评价手段,并将记录的各种信息呈现给学生,能引导学生积极主动地去学习和反思,及时纠正自身存在的不足,增强学习体育的自信心。除此之外,还可以利用"互联网+体育"的评价手段,对学生的学习情况进行实时的跟踪监测,这样能更好地评价其体育应用能力,这是其他教学评价手段难以比拟的。

第八章 互联网视域下体育教学创新与应用的实证分析

互联网时代的到来为体育教学的革新带来了良好的机遇,体育教育工作者基于对当前体育教学现状及问题的思考,利用互联网技术的优势,有策略、有规划地进行了多方面的体育教学改革,创造了许多新的现代化体育教学方式,大大提高了体育教学的效率与质量。本章主要探讨在互联网视域下体育教学创新与应用的实证,主要内容包括互联网视域下的体育信息化教学、体育微格教学以及体育微课教学。

第一节 互联网视域下的体育信息化教学

一、互联网视域下体育信息化教学的意义

计算机网络技术的应用在体育信息化教学中非常普遍,这给体育教学活动的顺利实施带来了极大的便利,大大提高了体育课堂教学的效率。在体育课堂教学中使用现代教育技术也是体育教学改革与素质教育改革的要求。体育教师将现代信息技术掌握好,将相关信息技术与数据有的放矢地运用于体育信息化教学中,将有利于显著提高体育课堂教学的效果。信息化教学手段在体育课堂教学中的高效运用具有至关重要的意义。

在体育教学中采用信息化教学方式,能够将信息技术的优势

第八章　互联网视域下体育教学创新与应用的实证分析

与作用充分发挥出来,使所要教的内容显得更加立体与形象,便于学生理解与掌握。例如,体育教师在教某个项目的技术动作时,可采用信息技术来处理该技术动作,如慢动作播放,对动作进行分解,制作关于重点动作的视频课件等。通过这样的处理,能够使体育课堂教学显得更加灵活和丰富,能够成功激发学生的兴趣,吸引学生关注教学内容,使学生将完整的动作要领乃至动作细节准确把握,这样既能达到课堂教学目标,还能培养学生的体育兴趣,使学生感受到体育课堂教学的良好氛围和信息化教学方式的重要性。

信息技术不仅可以用到体育课堂教学中,还可以用于课下,为体育教师与学生的课下交流与互动提供便利,使体育教师更好地了解学生的学习情况,帮助学生解决学习上的问题,使学生的学习效率得到提高,这也是建立良好师生关系的好机会。相比于传统体育教学方式,信息化教学进一步丰富了课堂教学内容,改善了学生的课前预习情况,并通过与多种翻转课堂教学形式的结合使学生打破了时空限制,随时随地学习,最终取得了非常显著的教学效果。

体育信息化教学模式的运用不仅体现了教学方式的变革与创新,还体现了学生学习方式的创新,学生可以在体育信息化教学中学习一些信息技术,掌握现代化的学习手段,提高自己的信息素养。例如,学生掌握体育知识与技能后,基于自己的理解采用计算机网络技术制作学习课件,这样便于巩固知识,进一步熟悉知识,深入掌握技术。学生在制作学习课件的过程中也能开阔思维,锻炼实践能力和创造能力,熟练学习软件,获得更多的学习灵感,为学习新的体育知识与技能奠定良好的基础。

二、体育信息化教学的理论与操作

(一)体育信息化教学的概念与要素

体育信息化教学是指在现代教学理念的指导下,体育教师充分利用现代信息技术,包括网络技术、计算机及多媒体技术、卫星通信技术等，整合与运用丰富的教学媒体和信息资源，构建良好的体育教学环境，引导学生积极发挥自身的主观能动性，使学生自觉成为知识和信息的建构者，从而不断提高体育教学质量的过程。①

传统体育教学系统由"三要素"（教师、学生、教学内容）构成，如图8-1所示。体育信息化教学系统在"三要素"的基础上增加了媒体因素，构成了由"四要素"组成的教学系统，如图8-2所示，四个要素之间相互促进、相互作用，缺一不可。

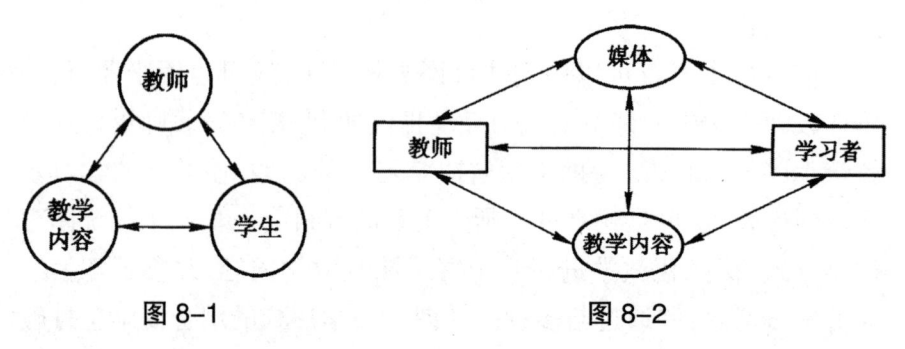

图 8-1

图 8-2

（二）体育信息化教学模式

体育信息化教学模式主要有协作型信息化教学模式、基于电子文档的信息化教学模式等，下面以协作型信息化教学模式为例进行分析。

协作学习是指学习者以小组的形式在一定的激励机制下，学习者个人和小组通过协同互助的方式，为完成共同任务而开展的学习活动，又被称为"合作学习"。小组活动是协作学习的主体，强调小组成员的协同互助，强调目标导向功能，强调以总体成绩作为激励。②

通常来说，学习者协作学习过程主要分为分组、学习、评价三个阶段。在此基础上，结合计算机支持协作学习的特征，从学习

---

① 景亚琴.信息化教学[M].北京：国防工业出版社，2014.
② 马腾，孔凌鹤.现代体育教学改革与信息化发展研究[M].北京：中国商业出版社，2018.

第八章　互联网视域下体育教学创新与应用的实证分析

者的角度出发，提出一个计算机支持的协作学习系统过程模型，如图 8-3 所示。可以大致将这一学习系统分为四个阶段，分别是学习者特征分析、分组、学习过程和总结评价。

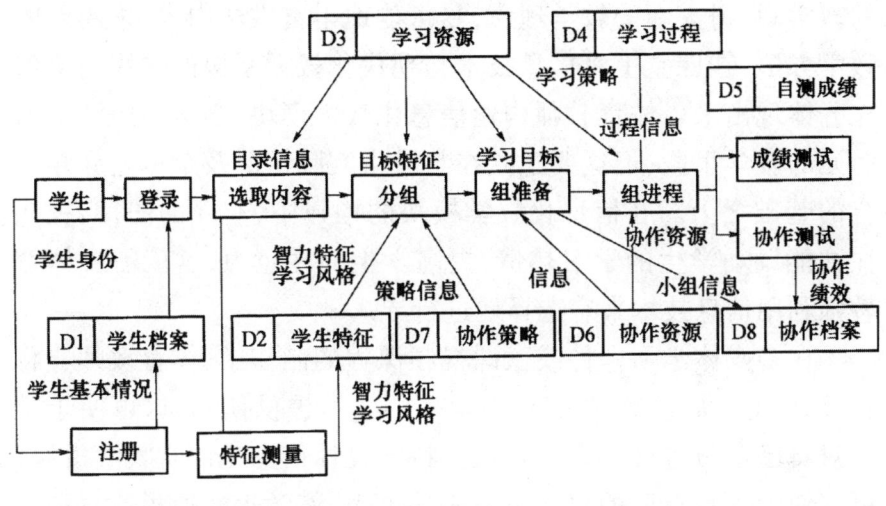

图 8-3

（三）体育信息化教学设计与应用

信息化教学设计的基本模式如图 8-4 所示，体育信息化教学设计可以参考该模式，但要突出体育课程的特点与教学重点。在体育信息化教学设计中，要重点做好以下几个环节的工作。

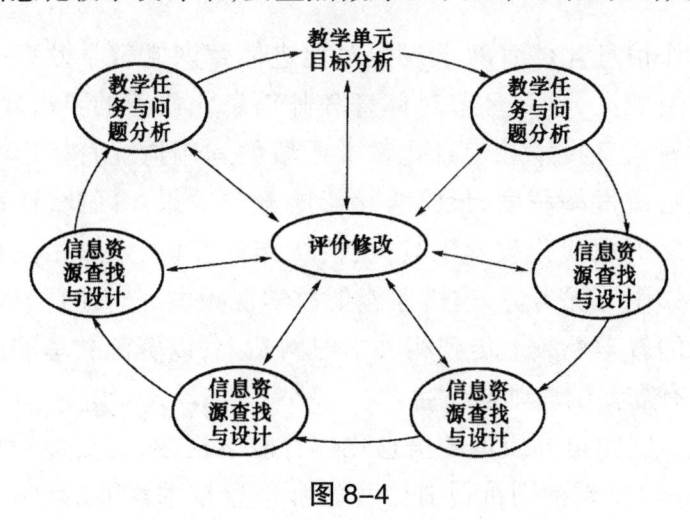

图 8-4

1. 构建信息化教学板块

进行信息化体育课堂教学设计,要求体育教师及时转变陈旧的教学观,树立新的教学理念,尽可能地丰富教学内容,采用新的教学方法,在课堂上将信息技术与现代化教学手段的作用与价值充分体现出来。体育教师构建信息化教学模块,必然会用到丰富多元的教学手段,但这要建立在与学生实际情况及个体差异相结合的基础之上。在信息化教学模块的构建中,有趣的图片、视频往往能调动学生的学习热情,提高学生的注意力,这就需要体育教师利用信息技术来有选择地进行导入。

在多媒体学习课件或微课视频课程的制作中,体育教师要将相关知识点集中放到一起,为学生的学习提供便利,这也便于学生对自己学习进度的自主掌握。科学设计信息化课堂教学模块,可以使学生将自己的想法勇敢表达出来,使学生在搜集信息和思考问题方面更有自觉性与积极性,这也为培养学生的想象力与锻炼学生的创造力以及构建和谐师生关系提供了良好的机遇,学生的成长与和谐师生关系的建立都有助于进一步提升体育教学质量。

2. 制作信息化教学视频

制作信息化体育教学视频对促进体育课堂教学效率的提升具有重要意义,这一环节对体育教师信息化素养的要求较高,体育教师对信息技术和信息化教学手段的运用情况直接影响信息技术优势的发挥程度,最终直接影响教学效果。因此,体育教师要熟练掌握现代化教学工具,灵活操作计算机,熟知相关软件与工具的作用及优劣势,这样才能把教学视频做好。体育教师应将高质量的教学视频上传到相关学习网站上,以资源共享的形式帮助更多有需要的教师与学生。

为了制作出高质量的信息化体育教学视频,为更多的师生提供帮助,学校要特别重视对体育教师信息技术素养的培养,加强这方面的专业培训,促进体育教师计算机实践操作能力的提升,进而促进体育课堂教学效果的优化。

下面以篮球技术教学为例来说明信息化教学视频的制作要点。例如对传球和运球两个技术进行讲解时,适宜以教学视频的形式进行教学,学生通过对视频的反复观看能够熟悉动作,练习起来就会比较容易。在这类教学视频的制作过程中,体育教师可以先设计传球和运球类的游戏,使学生将注意力集中到课堂中,并对要学习的篮球技术产生兴趣。在游戏的基础上将基本教学内容加入其中,视频中应有用不同方法传球和运球的连贯动作与分解动作,在视频展示中要特别注意动作的规范性和准确性,要提醒拍球的部位与力量,强调容易出错的地方。教学视频融声音、文字、图片于一体,可以很好地将教学重难点、易出错动作呈现给学生,使学生全面了解所要学习的内容,深刻认识要重点学习的东西,从而通过不断的练习牢固掌握教学内容,达到较为理想的教学效果。

需要注意的是,开发与制作优质的信息化教学视频课件,必须掌握基本的开发与制作程序,具体可参考图 8-5 所示的信息化课件开发程序图。

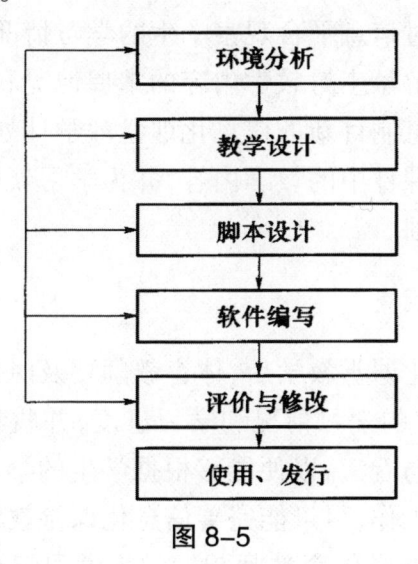

图 8-5

3. 加强教学反馈研究

在体育信息化课堂教学开始前,体育教师要先了解学生对之前教学内容的掌握情况及对将要学习教学内容的了解情况,然后再根据学生的实际情况进行具体的信息化课堂教学,有针对性地安排教学计划和运动处方,为学生科学锻炼和学练运动技能提供指导。在促进学生增强体质和提高运动技能的同时,保障学生的安全,培养学生对体育课的持久兴趣与长期主动性。

体育信息化教学为师生搭建了良好的信息化教学平台,打破了传统体育教学的时空限制,学生可以随时查看体育教师在信息平台中上传的教学课件,这样不仅能掌握课本知识,还能获得有价值的信息,获取拓展性知识。教师与学生借助信息平台这个媒介频繁互动,教师随时了解学生的学习动态,为教学反思提供了有价值的素材。体育教师利用信息平台教学不仅便捷,而且拓展了教学范围,对学生的指导也更及时,对督促学生进步具有重要意义。

4. 制订新的教学计划

体育教师通过信息平台观察学生的学习情况,经过教学反馈与教学反思后了解学生对教学内容的掌握情况和学习进度,根据这些有价值的信息制订新的信息化课堂教学计划,使学生更好地掌握信息化教学课件中的教学内容,并为学习新的体育知识与技能奠定良好的基础。

5. 开展问卷调查

在体育信息化课堂教学后,体育教师要及时做好与学生的沟通工作,掌握学生的学习情况和学习进度,并收集学生对信息化课堂教学的意见与看法,以便能够根据学生的学习效果来改进后面的信息化教学工作,尽可能完善信息化课堂教学,使学生满意。课后开展问卷调查是体育教师掌握学生学习情况和了解学生对信息化教学的意见的一个好方式,在问卷调查后再进行数据统计,这样对学生学习情况的了解更直观、清晰。

三、互联网视域下体育信息化教学的问题与改革

(一)互联网视域下体育信息化教学的问题

当前,我国体育信息化教学存在一些问题,这些问题对信息化教学工作的顺利开展造成了严重的制约。下面具体分析主要的内部环境问题与外部环境问题。

1. 内部环境问题

(1)体育教师的认知程度低

当前,我国大部分体育教师对信息化教学的认知程度还不够高,这对信息技术在体育课堂教学中的实施造成了根本上的制约。在一些体育教师看来,体育教学与信息技术的叠加就构成了体育信息化教学,这是错误的看法,二者简单的叠加并不是真正的信息化教学。信息化教学要求将体育教学与信息技术科学结合并深度融合起来,如此才能真正发挥信息技术在体育教学中的作用,才能促进体育课堂教学效果的有效提升。

(2)体育教师的信息化教学经验不足

一些体育教师信息素养不高,缺乏基本的信息化专业知识,信息化教学软件的实践操作能力也较差,更没有丰富的信息化教学经验,这些都直接制约了体育信息化教学工作的开展。在对体育教师进行信息化教学技能的培养中,年龄较大的教师掌握先进教学技术的速度较慢,需要很长时间才能熟练操作信息化教学软件,因此影响了体育信息化教学进度和教学质量。

(3)信息化技术的应用缺乏合理性

在体育信息化教学中,如果不能合理使用信息技术,就会出现信息化教学目标偏差的问题,有些信息化教学手段看似新潮,但实用性差,有些教师为了吸引学生,过多使用这类教学手段,最

终导致学生对学习目标的认识出现扭曲。有的教师在使用信息化技术上过于保守,倾向于传统教学方法,这又不利于激发学生的学习兴趣,也不利于培养学生的自主学习能力。

2. 外部环境问题

(1)信息化教学硬件与软件资源缺乏

信息化教学硬件设施不完善、软件资源少及信息化教学氛围不佳是制约我国体育信息化教学的主要外部环境因素。因为很多学校管理者不重视体育信息化教学,甚至不重视体育教学,所以为体育课程提供的多媒体技术及信息化设备较少,信息化教学的硬件资源严重缺乏,体育教师无法顺利开展信息化教学工作,所以在体育课堂上还是以传统教学方法及教学手段为主,最终制约了学生对新信息技术和教学内容的掌握,影响了体育教学质量的提高。学校体育教学以实践课为主,主要教学场所是体育场,体育考核一般都在体育场上进行,但如果不能依托信息化硬件资源而构建与完善体育考核体系,那么考核成绩的说服力较弱,难以使学生信服。

除了信息化硬件资源短缺的问题,教学软件不足也对体育信息化教学造成了严重影响。在体育信息化教学中,教师与学生之间沟通与交流主要依托的是互联网,软件资源的不足直接影响了师生沟通。如果不能及时解决教学硬件与软件的问题,体育信息化教学活动的开展将举步维艰。

(2)体育教学资源库少

现有的体育教学资源库较少,一些学校正在规划创建体育教学资源库,但是短期内很难有显著成果。适合体育信息化教学的多媒体资源库在网络上很难搜索出来,一些规模较大的资源库需要付费才能获得资源,既不便于在体育信息化课堂教学中随时查找资料,也不便于学生在课后查找学习资料。

(3)体育教师信息化教学技能水平不高

体育信息化教学中必然要用到先进而丰富的信息化技术,这

第八章　互联网视域下体育教学创新与应用的实证分析

是顺利进行信息化教学的基础与前提,所以加强信息化软硬资源建设非常重要。在这一前提下,还要特别重视对体育教师信息化教学能力的培养,否则信息化教学资源再完善,如果体育教师不会正确运用这些资源,也将无济于事。对体育教师信息化教学技能的培养不足是很多学校普遍存在的问题,这也是制约学校体育信息化教学工作开展的主要瓶颈。学校必须充分认识到提高体育教师信息化教学能力的重要性,加强专业培训,使体育教师有能力将信息技术与体育课堂教学真正结合起来。

(二)互联网视域下体育信息化教学的改革

1. 科学开发体育信息化教学资源

(1)拓宽研究领域

对很多学校来说,体育信息化教学是一种新的教学模式,开发体育信息化教学资源也是一个新的尝试,通过这一尝试能够使体育教育工作者更好地理解信息化教学资源,通过深入开发体育信息化教学内容资源,能够促进体育教学内容的丰富和校园体育文化的延伸,最终也会给体育信息化改革及体育文化的发展带来积极影响。

(2)加强体育学科与其他学科的融合

目前,体育学科具有一定的封闭性,这对该学科的发展非常不利,在互联网背景下开发体育信息化教学资源,需要突破体育学科的封闭性,打破局限,在开发过程中融入其他学科的信息化教学资源,使体育信息化教学资源愈发丰富,使资源体系愈发完善,提高体育教学的信息化水平。多学科信息化资源的相互融合与渗透将对学生的全面发展产生重要影响,这也是素质教育的要求。

(3)加强学校体育与社会体育的联系

学校体育教学具有自身的局限性,在体育信息化教学资源的开发中要勇于突破限制,适当加工整理社会体育中有价值的信息化资源,将其整合到学校体育信息化教学系统中,丰富学校体育信息化教学资源,这对提高学生的社会体育认知能力、引导学生树立开放性学习理念、提高学生的综合性体育素养具有重要意义。

2. 优化体育信息化教学策略

在互联网时代,计算机网络无处不在,信息技术在各级各类学校的各科教学中的应用越来越普遍,体育学科的教学中同样也在越来越多地使用信息技术与多媒体教学手段。在学校体育教学中采用信息化辅助教学手段能够增加教学的灵活性与趣味性,便于师生展现自己的个性。为了充分发挥信息技术在体育教学中的作用,要注重对体育信息化教学策略的优化与完善。

(1)正确理解信息化教学内涵

体育教师要对体育信息化教学的内涵有正确且深入的理解,在此基础上善于运用信息化教学的硬件与软件资源来调动学生的兴趣,活跃课堂氛围,使体育信息化课堂教学更丰富、生动、有趣,使学生在愉快的课堂氛围中掌握体育教学内容,学生的主体性和创造性得到充分发挥。在体育信息化课堂教学中,教师要引导学生正确使用计算机技术来为自己"量身打造"学习课件,激发学生的学习积极性,调动学生的学习热情,让学生既熟悉了计算机的基本操作方法,也掌握了体育知识。

(2)加强师生沟通与互动

要提高体育信息化教学效率,就要注重师生之间的良好互动与交流,这是非常有效的策略之一。在信息化课堂教学中,体育教师要在课前完成对教学计划与流程的设计工作,使学生对教学思路有所明确,然后跟着教师的节奏有序学习,在整个课堂教学中,师生的交流必不可少。另外,体育教师在信息化教学中要注意教学用语的简洁性与准确性,要善于以简短的语言准确总结教学内容,以免学生不能准确把握学习重点。体育教师还要结合学生的实际生活来精选问题,创设问题情境,以拓展学生的思维。

3.优化改革体育信息化教学环境

在互联网背景下优化与改善体育信息化教学环境,要求重点做好以下几方面的工作。

第一,对体育教学与信息化教学的新发展予以密切关注,从而对体育信息化教学的改革动向有准确的把握。学校要注重培养体育教师的信息技术素养,加强这方面的培训。不断强调信息化教学的理念,宣传信息化教学知识,使体育教师对信息化教学技术有很好的掌握与理解。

第二,学校从本校办学条件出发对信息化教学平台进行构建,从资金上提供基础保障,使信息化教学设备条件能够满足体育信息化教学需要。

第三,体育教师自觉树立信息化教学理念,及时转换教学思想,更新教学观念,主动对基础教学环境予以改善,和学生共同努力营造愉快和谐的体育信息化课堂教学氛围,从而使信息化课堂教学能够取得理想的教学效果。

4.关注多媒体教学及微课教学

在信息化教学的发展过程中,微课教学在各学科的信息化教学中逐渐受到重视。微课教学主要是结合教学标准与教学实践,将视频作为主要的教学载体,围绕知识点进行教学与互动。在体育信息化教学中,运用多媒体教学及微课教学,能够促进学生全面掌握体育技能与方法,使学生对知识点的理解更直观。通过微课教学,能够提高学生学习的积极性,通过多种教学手段对教学内容进行展示,将教学中的重点、难点更加直观地展现在学生面前,提升学生的求知欲。另外,生动的教学情境可以提高学生的学习兴趣,提高学习质量。例如,在篮球教学中会涉及传切、空切等战术问题,许多同学在初步学习时都比较紧张,如果教师单纯进行讲解,既费时间,又不能达到良好的效果。如果采用微课教学方式,通过 NBA 篮球比赛游戏软件来制作微课教学课件,可以随意切换游戏中的规则,通过模拟软件进行演示,这样会吸引学生竞相模仿,在实践中熟练掌握战术。①

5. 科学构建体育信息化教学管理体系

通过构建与完善信息化教学管理系统,能够提高对学生学习的管理效率,全面实现数据资源的高效利用与维护,提高学生学习资料的公开化与共享性,对教师的教学也有一定的借鉴意义,能提高体育课堂教学效率。

第二节 互联网视域下的体育微格教学

一、体育微格教学的基本理论

(一)微格教学与体育微格教学的概念

微格教学是利用现代教学技术手段来对教师的教学技能进行培训的一种教学方法。微格教学的创始人——美国斯坦福大学的爱伦教授认为,微格教学是一种缩小了的可控制的教学环境,它使准备成为或已经成为教师的人有可能集中掌握某一特定的教学技能和教学内容。一般将微格教学定义为一个有目的、有控制的实践系统,它能使师范生和教师集中解决某一特定的教学行为,或在有控制的条件下进行学习。它是建立在教育教学理论、视听理论和教学技术基础上,系统训练教师教学技能的方法。②

体育微格教学指为培养体育师范生的课堂教学技能,将体育课堂教学目标的实现、教学专业提升、教学技能训练的人力、物力及自然资源整合起来进行专门训练的教学。③

---

① 杨光.关于高校体育信息化教学探析[J].冰雪体育创新研究,2020 (5): 45-46.
② 施小菊.体育微格教学[M].厦门:厦门大学出版社,2013.
③ 刘莹.信阳师范学院体育教育专业微格教学现状问题及对策研究[D].信阳师范学院,2018.

（二）体育微格教学的特点与作用

微格教学的特点总体上可以概括为"训练课题微型化,技能动作规范化,记录过程声像化,观摩评价及时化"。具体表现为训练内容单一、参加的人数少、上课时间短、运用视听设备、评价技术科学合理、心理负担小。

有关专家与学者对体育微格教学的作用进行了研究,提出了自己的观点,下面列举几个主要观点。吉学武认为,体育教学是基础,微格教学是为体育教学服务的,二者的关系是相辅相成的,微格教学是促进体育教学的重要手段;翟凤鸣等通过对微格教学的过程进行研究指出,体育专业生在实习前应该接受微格课堂训练,可以大幅度提高教学能力;张秀华通过实验研究表明,采用微格教学可以显著提高学生篮球裁判技能;王进通过对比研究认为,根据实验班和对照班的对比,采用微格教学,能够使学生的目标更明确,能够提高学生角色转变后的教学技能和教学水平。[1]

众多专家学者的研究结论显示,无论从理论的角度,还是从实践的角度,体育微格教学是理念先进、较为系统的教学技能培训手段。对体育教育专业学生掌握教学技能具有深远意义,应该在实践过程中广泛推广体育微格教学。

（三）体育微格教学技能

1. 导入技能与结束技能

（1）导入技能

导入技能是在体育教学活动开始时,立疑激趣,建立认知准备,铺设桥梁,衔接新知与旧知。导入技能也被称为"开门之技"。导入设计得好,能很快渗透主题,引领学生进入情境,在短时间内

---

[1] 刘莹.信阳师范学院体育教育专业微格教学现状问题及对策研究[D].信阳师范学院,2018.

使学生的注意力迅速指向特定的体育教学目标。此阶段主要是观察学生在体育教师引导下的反应,而微格教学中的"教师"是由没有教学经验的学生扮演的,"学生"是由同伴扮演的,不能在短时间有效地缩短"师生之间""学生与教材之间"的距离,有的导入部分会出现偏离重点,过于牵强的现象,很难做到自然引入新课,衔接紧凑恰当。[①]

(2)结束技能

完整的体育教学必须做到善始善终,结束技能也是衡量体育教师教学艺术水平的一个重要标志。在完成基本体育教学内容后,体育教师应对本次课所传授的运动知识、技能进行归纳和总结,引导学生对所学知识技能及时地进行总结、巩固、扩展、延伸、迁移等,从而达到更好的教学效果。

2. 讲解技能

体育教师在教学过程中的语言表达能力直接影响教学效果。因为课堂上,学生对每项运动技能的掌握,都需要体育教师既做示范又对技术动作进行解释和说明。学生在模仿练习时,体育教师也要借助于语言进行必要的指导和解释,讲解时要注意以下几个方面。

(1)口令的音量、音节、音调、语速、节奏适宜,教学术语规范。

(2)教学用语能准确、清晰、及时地传递信息。

(3)能恰当、适宜地控制信息传播的量和强度。

(4)能增强课堂教学感染力,提高学生对教学信息的接受率。

(5)配合动作示范的讲解清晰,时机适合等。

3. 示范技能与演示技能

(1)示范技能

体育教师对技术动作进行传授,必然要亲自示范动作,示范

[①] 刘莹.信阳师范学院体育教育专业微格教学现状问题及对策研究[D].信阳师范学院,2018.

第八章　互联网视域下体育教学创新与应用的实证分析

时先完整示范,然后分解动作逐一传授,不管是完整示范还是分解示范,都要将学生的视觉充分调动起来,还要将动作结构、重点准确展现出来,这是使学生形成技术动作概念及在大脑中建立正确运动表象的重要条件。只有通过准确示范,才能使学生正确模仿,在反复模仿练习中将技术动作掌握好。

（2）演示技能

在体育教学过程中,体育教师为了传授更具体、形象的教学信息,会用到一些教具,如挂图、模型、多媒体等。通过教具的演示或展示,使学生对技术动作的相关要领有所理解与掌握,如动作的方向、路线、力度、幅度等。

4. 组织教学技能

作为体育教学的引导者与组织者,体育教师必须具备良好的组织技能。体育教师在微格教学中的组织技能主要体现在以下几个方面。

第一,对体育教学内容的选择。

第二,对体育教学方法的选用。

第三,对运动负荷的安排。

第四,对学生队形的安排与调整。

第五,对运动场地器材的布局。

第六,对课堂上突发事件的处理等。

5. 教案编写技能

教案是组织课堂教学的具体方案,是体育课堂教学过程实施的重要依据。教案设计得好坏及在课堂上能否顺利实施都将直接影响教学计划的完成与否。可以说,良好的教案及有序的实施可以保证教学计划的顺利进行。编写体育课程教案,一定要将体育教学的特点凸显出来,要将教师对教学技能的运用及学生主体的学习行为重视起来。编写教案是一项基本功,也是非常基础的教学技能,这项工作并不是孤立的,它与其他教学工作密切相关,直接影响后续教学工作的开展。

一般来说,教案要包含的内容有教学目标、师生的教学行为和学习行为,具体如实施教法、使用教学媒体、分配时间等。教案编写技能对体育教师的逻辑思维能力、文字组织能力都提出了较高的要求,一般来说,教学经验丰富的教师在教案的编写上更得心应手一些,缺乏教学经验的教师编写教案时会有些吃力或者说编写的教案不够完善。体育教师编写教案的技能是在实际工作中通过不断学习、总结和积累而不断提高的。

微格教学设计是微格教学教案得以产生的基础,对微格教学方案的编写要以教学设计为指导。具体来说,编写微格教学方案要注意以下几点要求。

(1)确定教学目标

微格教学是一种片段教学,针对片断教学内容而制定教学目标时,方法和一般的确定整堂课教学目标的方法没有什么区别,只是整堂课教学目标的确定要立足于整堂课的教学内容,而微格教学目标的确定要立足于特定片段教学内容。

(2)确定技能目标

在体育微格教学中,不同教学内容对学生提出的技能要求也不同,要据此来确定恰当的技能目标。

(3)教师教学行为

体育教师要在教案中列出自己教学行为的相关环节,如讲授什么内容,提什么问题,举什么例子,准备做什么实验或演示,布置哪些练习题,与学生怎样互动等。

(4)标明教学技能

在体育微格教学中,不同的教学环节要用到不同的教学技能,在教案中要标明具体要用的教学技能。某些教学环节要用的教学技能不止一种时,标明最主要的且具有代表性的教学技能即可。在微格教学教案的编写中,对教学技能的标注是一个显著的特征。微格教学也对体育教师对教学技能的感知能力、识别能力以及应用能力提出了较高的要求。对体育教师的教学技能进行培训本身就是微格教学的主要任务。

（5）预测学生行为

体育教师在微课教案的编写中要对学生在课堂上的行为进行预测,然后注明,如学生会怎么回答,学生会有哪些活动等。学生的学习行为是体育教师对学生进行引导的结果,教师对这方面的预测有助于其灵活调整课堂教学方案或者对于学生的学习行为能灵活应对。

（6）准备教学媒体

在体育微格教学中,可能会用到的教学媒体或教具有图表、幻灯、标本等,在教案中要注明这些教学媒体,这样在课堂上才能有条不紊地使用教学媒体。

（7）分配教学时间

在教案中要清楚说明为每个知识点分配的教学时间,这样有助于对整个教学过程进行控制。合理安排教学时间,有序推进教案的实施,有助于取得良好的课堂教学效果。

上面详细分析了微格教学教案所包含的主要内容,通过设计教案表格,以表格的形式呈现教案,有助于整体上把握微格教学的过程,见表8-1。

表8-1 微格教学教案设计表[①]

学科：　　　　日期：　　　　年级：

执教者：　　　指导老师：

教学课题				
教学目标	1. 2. 3.			
技能目标	1. 2. 3.			
时间分配	教师行为	教学技能	学生行为	所用教具、仪器和媒体等

---

① 施小菊.体育微格教学[M].厦门：厦门大学出版社,2013.

二、体育微格教学设计与实施

(一)体育微格教学设计

在体育微格教学中,体育教师要以体育教学目标和教学技能培训目标为依据进行教学设计,教学设计的理论基础包括教学理论、学习理论、传播理论等,在这些理论基础上对体育微格教学问题与教学需要进行系统分析,从而设计能够将教学问题解决好的教学策略与教学方案,教学方案成形后,就进入方案试行阶段,并对试行结果进行评价,最后再修改方案。[1] 促进体育微格教学效果的优化及提高教学技能培训效果是进行体育微格教学设计的主要目的。

与一般的体育教学设计相比,体育微格教学的教学设计有自己的特点。在一般的体育教学设计中,完整的单元课是设计者面向设计对象,教学过程是完整的,具体包括导入、讲解、练习、评价等几个连贯的环节。通常情况下,微格教学较为简短,是片段式教学,将一节课的一部分作为教学内容,教学设计也是针对这个片段进行的,主要目的是训练某种教学技能。鉴于一般体育教学设计与微格教学设计的不同,在体育微格教学的教学设计中,建议将概念、原理、事实、方法等要素放在一个体系里,将它们作为一个完整的过程进行设计,而不是从宏观角度对这些结构要素一一分析。从体育微格教学设计的特点来看,以培训教学技能为主的微格教学主要有以下两个教学目标。

第一,使被培训者将教学技能熟练掌握好。

第二,通过灵活而高效地运用教学技能来实现体育教学目标。

体育微格教学目标的实现离不开教师对多种教学技能的掌握及灵活运用,微格教学目标的实现程度又能检验教师的教学技能水平。可见,上述微格教学的两个教学目标相互联系与依存。

---

[1] 施小菊.体育微格教学[M].厦门:厦门大学出版社,2013.

为了更好地实现这两个教学目标,在体育微格教学的教学设计中,要遵循一般教学设计的原理,灵活运用教学设计的多种方法,同时也要将微格教学的特点体现出来。

需要注意的是,在体育微格教学的教学设计中,体育教师既要注重价值理性,又要重视技术理性,要将二者充分结合起来,使学生对微格教学的内涵及对教学技能都有更深入的认识。在学生练习动作方面,既要强调准确性与规范性,又要关注理论方面的培养,使学生能够准确而清晰地进行语言表达,提高学生的综合素质与实践能力,为其将来从事体育教师职业打好基础。在教学设计中关注价值理性与技术理性,有助于培养学生的实践能力,同时能促进学生更强烈的职业情感。

在体育微格教学的设计中,体育教师既要强调技能培养,又要关注情感培养,尽可能将二者统一起来。为了优化微格教学中的情感因素,体育教师要努力与学生建立和谐的师生关系,使学生保持积极向上的学习情绪,进一步提升学生的学习能力、心理健康水平及心理素质。在角色扮演中,学生扮演教师的角色传授知识、示范动作,有的学生教的意识不强烈,不适应新角色,所以教师在课程设计中要加入培养学生教的意识的训练内容,使学生将教与学结合起来,从而有更多的有意义的收获和更全面的进步。

(二)体育微格教学的组织与实施过程

体育微格教学的组织与实施过程如图8-6所示。

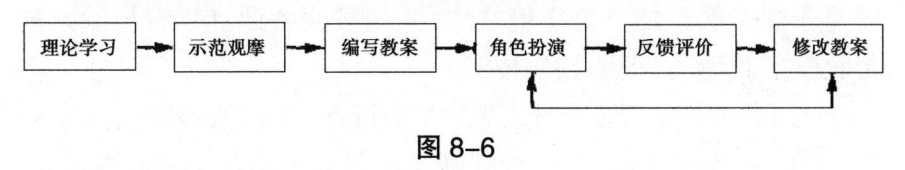

理论学习 → 示范观摩 → 编写教案 → 角色扮演 → 反馈评价 → 修改教案

图 8-6

1. 理论学习

微格教学是一种全新的实践活动,其也具有深刻的理论基础,因此,学习和研究新的教学理论是十分必要的。理论学习和研究的内容包括：微格教学的概念、微格教学的目的和作用、学科教学论、各项教学技能理论。

2. 示范和观摩

在提高各项教学技能时，可以提供相关的课堂教学片断，组织学生进行示范观摩。观看录像后引导小组成员讨论分析，取得共识。这样，学生不仅获得了理论知识，也有了初步的感知。

在观看示范录像片断时，教师要先提出具体要求，明确目标，突出重点，边观看边提示。提示时要画龙点睛，简明扼要，不可频繁，以免影响学生观看和思考。[①]

3. 编写教案

关于编写教案，在体育微格教学技能中已经作了分析，这里不再赘述。

4. 角色扮演

角色扮演是微格教学的中心环节，是培养学生教学技能的具体教学实践活动，在活动中学生都要扮演一个角色，进行模拟教学。这样改变了传统的"老师讲、学生听"的教学模式，给学生提供了充分的实践机会，提高了教学质量。

角色扮演的要求主要有以下几个方面。

（1）扮演教师者要把自己当成一个"纯粹"的教师，要把自己置身于课堂教学的真情实境之中，一切按照备课计划有控制地进行教学实践活动，训练教学技能。

（2）扮演学生者要充分表现学生的特点，自觉进入特定情境。

（3）在角色扮演前，指导教师要说明有关角色扮演的规定。

（4）除了执教者和学生以外，减少模拟课堂上其他无关人员的数量。

[①] 施小菊.体育微格教学[M].厦门：厦门大学出版社，2013.

第八章 互联网视域下体育教学创新与应用的实证分析

5.反馈评议

反馈评议阶段,首先由执教者将自己的设计目标、主要教学技能和方法、教学过程等向小组成员介绍,然后播放微格录像,全组成员和老师共同观摩。观看录像后进行评议,可以由执教者本人先分析自己观看后的体会,检验设计的目标是否达到及自我感觉如何;再由全组成员根据每一项具体的课堂教学技能要求进行评议。评议过程包括学生自评、组织讨论、集体评议、指导教师评议几个环节。

6.修改教案

根据录像,参考技能示范录像和技能理论,对照评议结果,针对不足之处修改教案。

三、互联网视域下体育微格教学的优化

(一)注重微格理论知识的教学

进行体育微格教学,需要先具备一定的微格理论知识素养,这是非常重要的前提之一。学习微格理论知识,既能促进知识的丰富、思路的拓展,又能更深入地理解不同教学技能在教学中发挥的重要作用,从而为上好微格教学课打好基础。体育理论教学时数较少,而微格教学的相关理论知识很多,为了使学生将微格理论知识掌握好,需要在理论教学中拓展渠道,以使学生系统地掌握关于微格教学的丰富知识。

关于微格理论知识的教学,具体可以从以下几方面着手。

1.强化理论学习,提高教学质量

微格教学理论非常丰富,主要内容有教学目标类型划分、教材与教学技能分析、教学设计、多种教学方法、综合教学评价、各种教学设备的运用等。由于涉及的理论知识较多,而理论教学时

数又少,所以体育教师要善于面向这些丰富的理论知识进行分类,分析不同类知识的特点,明确教学重点与难点,然后在理论课上有计划地传授知识,以多样化的教学形式帮助学生掌握微格教学理论知识,使学生系统而全面地认识与了解微格教学。

2. 借助互联网进行理论教学

学生学习微格教学理论知识的主要途径是在理论课上学习,这是最常见和最主要的学习途径,但不是唯一的途径,为了使学生掌握更丰富的微格教学理论知识,需要在传统教学形式的基础上拓展新的教学方式。在互联网时代,多媒体计算机的出现为学生学习提供了重要的媒介,利用互联网手段进行学习也是青少年学生普遍乐于接受和愿意主动采用的学习方式,这为微格教学提供了极大的便利。体育教师可以对微格理论教学知识进行数字化处理,制作成学习课件,然后上传到相关平台,使学生通过这些学习资源来补充学习微格教学的理论知识。教师也可以在线解答学生的疑问,这也为师生交流与互动提供了方便。

3. 结合实际案例使学生理解微格理论知识

单独学习微格教学的理论知识,学生理解起来有一定难度,这就需要与实际教学案例结合起来,使教学内容更形象、生动,使学生容易理解。教师以成功的教学案例引导学生学习,可以吸引学生的注意力,促进学生学习积极性的提升,也能让学生自主发现问题,勇敢提出自己的看法,从而更好地掌握微格教学理论知识。

(二)构建微格教学资源平台

学生对微格教学理论知识的学习,教师对微格教学视频的上传,学生对微格教学案例的观看以及师生的互动,都可以在微格教学资源平台上实现。微格教学资源平台非常重要,其在体育微格教学的整个过程中都发挥着至关重要的作用,学生在体育课堂教学中及课外学习中都能通过这个平台获得帮助与指导。因此,

第八章　互联网视域下体育教学创新与应用的实证分析

构建这个平台是非常重要的工作,而确定该平台的内容更是重中之重。微格教学资源平台包含的内容及应具备的功能如下。

1. 微格教学理论知识

微格教学资源平台上一定要有丰富的微格教学理论知识,学生学习、教师设计教学方案以及最后的教学反馈及教学评价都要参考这些知识。

2. 优秀教学案例

在体育微格教学中,提供示范是一个必不可少的环节,在进行教学技能训练前,将成功的、优秀的、典型的教学案例上传到平台中,能够使学生对所要培训的技能形成感性认识,为技能培训的顺利进行做好准备。片段式的教学示范案例或一节课完整的教学示范案例都可以,它们都能起到正面的引导作用,帮助学生掌握知识与技能。教师在选取案例上传时一定要考虑案例对学生学习的意义,选取有代表性的案例,这样可以大大提高微格教学资源平台的实用性,体现出平台的价值。

3. 学习视频即时上传

学生可以把自己的学习视频上传到微格教学资源平台上,让教师对自己的学习过程进行评价,获得教师的指导与帮助。还可以与同学相互交流学习情况,共同探讨疑难问题,共同进步,争取上传的学习视频能够对其他学生的学习有所帮助,鼓励更多的学生通过互联网资源平台来进行拓展学习。

4. 建立实训教室使用管理系统

一些学校的体育微格教学之所以能够顺利开展,很大一部分原因是实训室投入使用,而且使用情况良好,这是一个非常重要的物质条件。因此,为了进一步优化体育微格教学效果,建议学校根据自身实际情况建设实训教室,并完善实训教室的管理使用系统,即时将实训的情况公布于平台上,为学生自主练习提供便利。学生可自行与微格系统管理人员联系,确定使用时间保证实训室的使用相对方便、自由。

需要注意的是,在微格教学中,实训室的使用率在不断提升。频繁使用实训室难免会增加设备损坏的几率,此外还会带来一些安全隐患,这就需要微格系统管理人员及时做好设备维修与管理工作,及时进行系统升级,为学生顺利使用实训室提供方便。

(三)增加学习评价环节

学生学习理论知识,观看教学案例后,就进入实训阶段,在这个阶段学生的自我评价与分析非常重要,通过自我分析与评价能够为体育微格教学的进一步顺利开展奠定基础。关于学生学习的分析与评价,可采用以下几种方式。

1. 学生自我分析

学生了解自己的特点、优势与不足,可以自主分析自己擅长哪些教学技能,哪些技能掌握起来比较困难,以便于教师在教学中可以有针对性地进行训练,在学生的弱项技能上多下功夫指导,在学生的强项技能上不浪费时间,以提高课堂教学效率。

2. 教师指导分析

相对来说,教师的分析与评价更专业一些,分析与评价结果更有说服力,更能被学生信服。教师指导分析既有一定的主观性,也有一定的客观性,主客观相结合的分析对学生全面认识自己更有帮助。教师通过分析与评价也能为调整教学方案提供现实依据。

3. 同学协助分析

学生在自我分析中难免主观性较强,可能存在在某方面过高评价自己或过于谦虚的问题,最终可能忽略了自己的一些潜能,所以同学协助分析与评价显得很有必要,这样能够有效提高评价的客观性与全面性。

（四）通过开展竞赛来提高学生的学习积极性

学生讲课、教师评课是微格教学的一种常见形式，评价以小组内部评价为主，单一的教学组织方式和评价方式往往不利于调动学生学习的热情和自主性，因此可以拓展教学竞赛的方式，来培养与提高学生的学习兴趣与积极性，并促进学生对知识与技能的掌握。关于教学竞赛的拓展方式常见的有以下几种。

1. 单项技能竞赛

教师针对某一项教学技能在微格教学互动平台组织教学技能竞赛，同学们将自己的教学视频上传到教学资源平台，采用网上同学互评和教师评价的形式，最后评选出优秀的视频，既可以丰富教学资源平台内容，也可激发学生学习的兴趣和积极性。[①]

2. 微课竞赛

随着学生对多个技能的掌握及技能水平的整体提高，需要学生学会综合使用教学技能，这时可以组织微课教学竞赛，指定某一项技术教学内容，由学生运用综合技能录制视频，上传到教学资源平台，进行评比，这种竞赛机制使学生更加注重综技能的训练，也提高了学生的学习积极性。

3. 说课竞赛

说课在某种程度上能反映受训学生的综合素质。经过单项教学技能竞赛和微课竞赛后，可通过开展说课竞赛实现更高层次的提高，说课教学设计更加注重对课堂的整体把握，使学生对设置教学目标、分析教材、把握教学重难点、选择教学方法、设计教学流程有更深刻的认识。

---

① 刘莹.信阳师范学院体育教育专业微格教学现状问题及对策研究[D].信阳师范学院,2018.

（五）加强专业师资队伍建设

为体育微格教学培养专业的师资队伍，提高教师队伍的业务能力与教学水平，这是优化体育微格教学的必然要求。具体可以从以下两个方面着手。

1. 增加专业教师的数量

选派有教学经验的教师充实到教师队伍中，使其成为微格教学指导教师小组的成员，对学生进行针对性的教学指导，并进行具有个性化与更加细致的教学评价，以提高教学效果。

2. 提高教师的业务水平，加强业务交流

体育微格教学需要体育教师对教学技能有较高的认识水平和熟练运用的能力，同时由于微格教学中要用到教学资源平台，所以还需要教师具备运用信息技术的能力。因此在教师培养中应加强专业技能和信息化技能的培养。另外，教师之间应加强业务交流，深入探讨相关教学问题，共同完善教学过程和提高教学效果。

第三节　互联网视域下的体育微课教学

一、微课教学的基本理论

（一）微课教学的概念

微课教学是指教师将微课的资源整合到日常课堂当中，根据学生的学习特点和学习进度，将微课资源与普通课堂相结合，从而实施教学的过程。

第八章　互联网视域下体育教学创新与应用的实证分析

（二）微课教学的特点

微课教学的特点主要体现在以下几个方面。
（1）内容易懂，专注力强。
（2）集中、强化教学技能。
（3）突出自身优势，彰显个性特点。

（三）微课教学的意义

1. 促进学生学习积极性的提升

微课教学中，教师用直观的教学手段清晰地展示抽象的理论知识和不易掌握的技术动作，为学生理解与掌握提供了方便，使学生学习起来更容易一些。学生对新鲜事物总是充满好奇心，而对于青少年学生来说，新颖的微课教学模式是比较新鲜的事物，能激发他们的好奇心和求知欲，学生在新的教学模式下学习的积极性会得到提升，更愿意主动学习，这对于提高学习效果、提升体育素养具有重要意义。

2. 使学生的个性化学习需求得到满足

微课教学可以使不同学生的个性化学习需求得到满足，学生可以根据自己的学习需要对所要学习的内容进行灵活选择，既能强化自己已经掌握的知识与技能，又能重点学习自己还未掌握的知识与技能。微课教学为学生提供了延伸性的学习平台，学生利用这一拓展化的学习资源可以查漏补缺，完善自己的知识体系，巩固自己的运动技能。传统体育教学中，由于一节课时间比较长，学生的注意力很难始终是高度集中的状态，学生注意力分散，无法与教师配合好，自然就会影响课堂教学的顺利进行和最终的教学效果。而微课教学模式下，由于时间短，而且学生面对的是生动形象的教学资源，所以更容易集中注意力，更容易准确抓住知识点，还能主动思考与探索，这对于促进学生视野的拓展及学习水平的提高是有好处的。

二、体育微课教学的组织与实施过程

体育微课教学的组织与实施过程可分为下面三个阶段。

(一)课前准备

课前准备工作的好坏直接反映教师的内容编制技能,准备阶段的工作主要包括对教学内容的选取、对教学目标的确定、对教学策略的制定、对教学顺序的安排及对教学器材的摆放等内容。选取教学内容一定要有明确的主题,对某一个或少数几个选定的问题集中进行说明,这样才能体现出体育教学的目的性、计划性,才能使教学目标发挥引领作用。[①]

(二)课中教学

1.课程导入

微课时间较短,在有限的时间内尽可能用新颖的方法引出课题,这样才能在短时间内吸引学生的注意力,使其在接下来的时间里集中精力学习。这一环节用时较少。

2.正式进入教学活动

教学活动是主体部分,以解决一个技术问题为主线,教师的讲解要简短精炼,留出让学生自主练习的时间,教师在旁边巧妙启发、积极引导。

3.课后小结

课后小结是对教学内容要点的归纳及整个教学的总结。课后小结贵在"精",要起到画龙点睛的作用,不要做不必要的总结,

---

① 蒿彬.现代体育教学多元理论与实施路径研究[M].北京:中国书籍出版社,2019.

第八章　互联网视域下体育教学创新与应用的实证分析

以免画蛇添足。

（三）课后反思

教学探究和解决问题是课后反思的基本立足点，反思的要点有两个，即教和学，通过反思来检验目标的合理性与达成情况，根据现实问题提出解决方案与改进建议。

三、互联网视域下微课教学在体育体能课中的应用案例分析

（一）案例陈述

以体能课上核心力量训练的教学为例，微课教学在该课中的应用案例见表 8-2。

表 8-2　体能微课教学设计——核心力量训练[①]

授课教师		教学对象	
教学内容	核心力量训练的含义、意义、方法、应用		
教学重点	核心力量训练的方法和应用	教学难点	核心力量的形成机制
教学方法	问导式教学法、启发式教学法、多媒体教学		
教材选择	由王卫星主编，高等教育出版社出版的体能教材——《体能训练理论与实践》		
教学程序	1.课程导入：直接式 2.主体教学 （1）核心区的概念 （2）核心力量训练的含义 （3）核心力量的形成机制 3.核心力量训练意义 4.核心力量训练方法（运用半球型滚筒、瑞士球、悬吊器械、小蹦床、平衡垫、平衡板等器材） 5.核心力量训练应用（竞技体育、大众体育、康复医疗） 6.课堂小结 7.习题解答 8.布置作业：为自己喜爱的体育项目设计力量训练方法		

---

① 蒿彬.现代体育教学多元理论与实施路径研究[M].北京：中国书籍出版社，2019.

（二）案例解析

本案例教学过程相对完整,微课教学任务较为明确,教学方法有一定的创新。但需要将教学内容适当精简,解决好重点与难点问题,使学生学到"精华"。

参考文献

[1] 曹明. 体育教学论 [M]. 成都：成都时代出版社，2020.

[2] 任利敏，刘浩，黄珂. 新编体育教学论 [M]. 哈尔滨：哈尔滨工业大学出版社，2020.

[3] 李加前. 中学体育教学创新研究 [M]. 长春：吉林科学技术出版社，2020.

[4] 秦泗胜. 高中体育教学发展研究 [M]. 北京：中国国际广播出版社，2020.

[5] 夏越. 现代高校体育教学研究 [M]. 北京：北京理工大学出版社，2019.

[6] 蔡金明. 体育教学技能训练 [M]. 哈尔滨：哈尔滨工业大学出版社，2017.

[7] 陈炜，黄芸. 体育教学与模式创新 [M]. 北京：光明日报出版社，2016.

[8] 孔凌鹤，马腾. 现代体育教学的多维分析与创新研究 [M]. 北京：中国商务出版社，2016.

[9] 蒋宁. 传统与现代交汇下的体育教学改革探索 [M]. 成都：西南交通大学出版社，2016.

[10] 冯德学，熊正英. 体育教育教学研究方法概论 [M]. 西安：陕西师范大学出版总社，2017.

[11] 李姗姗. 现代教育思想在高校体育教学中的应用研究 [M]. 成都：四川大学出版社，2014.

[12] 王念辉. 学校体育教学课的有效组织与开展研究 [M]. 北京：中国纺织出版社，2017.

[13] 杨雪芹,刘定一.体育教学设计[M].桂林:广西师范大学出版社,2005.

[14] 毛振明.体育教学论[M].北京:高等教育出版社,2011.

[15] 柳国庆.互联网时代下的体育教学艺术研究[M].南京:江苏凤凰美术出版社,2018.

[16] 谢斯."互联网+"时代中国体育院校体育教学成果社会化推广研究[M].长春:东北师范大学出版社,2020.

[17] 李志厚.论教学思维的属性、特征与修炼[J].课程·教材·教法,2016(10):32-38.

[18] 赵闯.从简单到复杂:体育教学思维方式的转变[D].南京师范大学,2007.

[19] 马波.现代教育理念下体育教学的发展和探索[M].北京:中国商务出版社,2016.

[20] 郭道全,魏富民,肖勤.现代高校体育教学概论[M].北京:中国商务出版社,2015.

[21] 李启迪,邵德伟.体育教学基本理论研究[M].北京:北京师范大学出版社,2014.

[22] 邵帅.基于互联网思维下的体育教学方法改革[J].通讯世界,2020,27(06):155-156.

[23] 丛光,刘楠."互联网+"视阈下高校体育教学评价体系的构建研究[J].中外企业家,2020(11):197.

[24] 龙再华.互联网+:改变世界的新产业革命[M].哈尔滨:黑龙江科学技术出版社,2015.

[25] 张舵."互联网+"时代背景下高校体育教学改革与发展研究[J].当代体育科技,2019,9(32):160-161.

[26] 钱琴.在"互联网+"时代下体育教学发展的新思考[J].才智,2019(31):128.

[27] 毛振明,于素梅.体育教学内容选编技巧与案例[M].北京:北京师范大学出版社,2009.

[28] 龚坚. 现代体育教学论 [M]. 重庆：西南大学出版社，2009.

[29] 范龙. 自主—合作—探究教学模式在高校体育教学中的应用研究 [J]. 武术研究，2020，5（06）：129-131.

[30] 张广新. 中学体育教学中分组教学模式的应用研究 [J]. 考试与评价，2020（08）：124.

[31] 王帅. 合作学习教学模式在中学体育教学中的应用 [J]. 散文百家（新语文活页），2020（06）：181＋46.

[32] 江燎. 互动学习模式在大学生体育中的应用与研究 [J]. 文体用品与科技，2020（10）：120-122.

[33] 文慧玲. 胡格模式在高职院校体育教学中的应用研究 [J]. 现代职业教育，2020（19）：224-225.

[34] 杨光. 关于高校体育信息化教学探析 [J]. 冰雪体育创新研究，2020（05）：45-46.

[35] 朱语涵. 互联网＋下的体育教学创新方式研究 [J]. 当代体育科技，2020，10（16）：106-107.

[36] 郑伟东，曹桂祥. 高校体育信息化课堂教学设计与应用的研究 [J]. 中国多媒体与网络教学学报（中旬刊），2019（11）：18-20.

[37] 杨锡娟. 中学体育课堂微格教学的设计与研究 [J]. 名师在线，2016（11）：28-29.

[38] 刘莹. 信阳师范学院体育教育专业微格教学现状问题及对策研究 [D]. 信阳师范学院，2018.

[39] 施小菊. 体育微格教学 [M]. 厦门：厦门大学出版社，2013.

[40] 景亚琴. 信息化教学 [M]. 北京：国防工业出版社，2014.